Nourimane Jouak

La maîtresse autrice du compte
@les__maternelles

3-6 ans

52 ATELIERS POUR ÉVEILLER SES ENFANTS

(et les occuper toute l'année)

Photographies des créations
Carine Boyadjian-Leroy

SOLAR
de l'école à la maison

SOMMAIRE

AUTOMNE

PAGE 16

HIVER

PAGE 66

PRINTEMPS

PAGE 116

ÉTÉ

PAGE 164

AVANT-PROPOS

Pour autant que je m'en souvienne,
j'ai toujours aimé être avec les enfants – même lorsque
j'en étais une moi-même ! J'appréciais m'en occuper,
non pas comme une petite fille dans sa chambre
s'occupe d'une poupée qu'elle coiffe et habille, mais plutôt
comme une éducatrice qui mène à bien un atelier.

La pureté des enfants, la transparence de leurs émotions, rendent les interactions simples et naturelles ; c'est ce qui me plaît. Quand je suis avec des petits, je peux laisser l'enfant en moi s'émerveiller d'une découverte, de l'observation d'une fleur dans le potager ou de l'envol d'un papillon. Je peux aussi laisser mon cœur se gonfler d'amour lorsque je vois les yeux d'un enfant pétiller lors de sa première lecture ou après avoir accompli seul une activité pour la première fois. Comme c'est beau de voir leur fierté et leur joie lorsqu'ils se réalisent ! C'est pour ces moments privilégiés que je souhaite être la main tendue qui accompagne les adultes de demain.

Devenir enseignante était naturel et simple pour moi. Être en classe avec les enfants l'est tout autant. C'est en 2018 que je suis devenue professeure des écoles au sein de l'académie de Montpellier. Dans ma petite classe de maternelle en éducation prioritaire, je cherche à instaurer un cadre bienveillant et accueillant, ainsi qu'à proposer les ressources ainsi que l'espace pour observer, découvrir et apprendre en confiance. Dès lors qu'un enfant est heureux de venir à l'école, curieux de découvrir ce qui va lui être proposé, assoiffé de nouvelles expériences, alors la journée est assurément une réussite !

Enfin, il ne reste qu'une savante alchimie que connaissent bien les enseignants : proposer la bonne activité au bon moment et dans les bonnes conditions. Voici l'élément qui va permettre à coup sûr aux enfants de s'épanouir.

C'est ce que je transmets depuis quelques années maintenant, à travers mes réseaux sociaux Instagram et TikTok @les_maternelles, ainsi que via mon site Internet.

INTRODUCTION

« Je ne suis pas maîtresse moi, je ne sais pas comment faire… » J'ai entendu cette phrase si souvent – cela me surprend à chaque fois –, que je me suis rapidement demandé comment aider les parents qui se sentent démunis face aux activités à proposer à leurs enfants. Et si « apprendre » ce n'était pas forcément à l'école que cela se passait, mais aussi et surtout à la maison ?

Ce livre est destiné aux parents d'enfants de 3 à 6 ans et propose un parcours au fil de l'année, afin de partager une activité par semaine avec son ou ses enfants. Ainsi, les 52 ateliers présentés suivent les saisons et sont rythmés par les fêtes traditionnelles de notre calendrier.

Les activités sélectionnées pour ce livre sont le fruit d'années d'expérimentation à l'école avec mes élèves… mais également à la maison avec mon fils ! Enseignante en maternelle, j'ai pu ajuster ma pratique année après année. Maintenant que je suis l'heureuse maman d'un petit garçon né en 2020, j'ai pu étendre mes activités au cadre familial. Parce que oui, être à l'école, ce n'est pas tout à fait comme être à la maison, et il me fallait vérifier ce qui fonctionnait chez soi et surtout comprendre pourquoi.

Il m'arrive de mener une activité à la maison avec mon fils ; tout se passe bien, il exécute parfaitement les consignes, comprend le but et se laisse guider. Il aime l'activité et la reproduit plusieurs fois de suite, car il s'amuse. Puis, le lendemain, il veut la refaire, alors je propose au papa de partager cette même activité avec notre fils. Comme la tâche est simple, je l'explique brièvement. Naïvement, je me dis que tout va bien se passer. Mais non, ça coince rapidement ! Rien ne marche, il faut que je donne des conseils durant l'activité concernant l'utilisation du matériel, des astuces, les aides à fournir et le positionnement de l'adulte. Forcément, mon fils finit par s'énerver et demande l'aide de maman. Catastrophe !

L'AIDE DE L'ADULTE, PARLONS-EN. COMMENT AIDER SON ENFANT AU BON MOMENT AU COURS D'UNE ACTIVITÉ ?

Effectivement, la posture de l'adulte durant l'activité est primordiale. C'est pourquoi, tout au long des ateliers présentés dans ce livre, des conseils sont directement adressés aux parents au sein de la rubrique **« Les astuces de la maîtresse »**.

LES ASTUCES DE LA MAÎTRESSE

En marge, elles prodiguent des conseils utiles pour mener à bien l'activité.

AIDE DE L'ADULTE

Certaines étapes ne peuvent être réalisées que par un adulte. En effet, que ce soit pour imprimer un modèle, mettre une galette au four ou découper une forme au cutter, les petites mains des enfants ne peuvent être sollicitées. Ces étapes sont explicitement indiquées par ce pictogramme.

ASTUCE MATÉRIEL

Suggestions pour faire autrement si on n'a pas le matériel ou pour améliorer les conditions de travail.

PLUS FACILE

Donne les conseils qui permettent à l'enfant de mener à bien l'activité en contournant les difficultés qui pourraient se présenter.

PLUS DIFFICILE

Donne les conseils qui permettent à l'enfant d'aller plus loin si l'activité est facile pour lui.

Un index, qui classe les activités selon les compétences développées, est à retrouver p. 220. Cela vous permettra de sélectionner une activité en fonction de la compétence à travailler si vous le souhaitez.

En plus des conseils proposés au cours de chaque atelier, des étoiles indiquent le niveau de difficulté de l'activité, allant de une à trois étoiles.

Attention, cela ne signifie pas qu'une activité ★★★ n'est pas accessible à un enfant dès 3 ans, ni que cet enfant ne peut y parvenir sans aide. Ces niveaux de difficulté sont donnés à titre indicatif et tiennent compte des compétences générales que la plupart des enfants acquièrent entre 3 et 6 ans.

★ Activités accessibles avec peu de compétences déjà acquises.

★★ Activités accessibles nécessitant des compétences préalables.

★★★ Activités accessibles avec l'aide de l'adulte et des compétences préalables.

Ville de lumière

Aide de l'adulte

Pour la réalisation de l'étape 8.

es décorations de la façade.

maison sur chaque arête.

mble la maison pour qu'elle
bout en pliant chaque arête
la face encollée à l'intérieur.

Pour aller plus loin

Vous pouvez réaliser des maisons de diverses hauteurs ou largeurs, il vous suffit de modifier les mesures du gabarit de maison proposé.

89 / Hiver

VILLE DE LUMIÈRE

Comme les illuminations de Noël sont belles, comme il fait bon se promener sous les douces lumières des suspensions lors des nuits d'hiver ! Avec un peu de carton et de la volonté, c'est à la maison que nous pouvons reconstituer cette ambiance des froides soirées illuminées. Préparez vos bougies ou guirlandes pour faire briller votre ville de lumière !

Matériel
- Morceau de carton
- Crayon à papier
- Règle
- Paire de ciseaux
- Cutter
- Feutre blanc (type Posca)
- Colle en bâton ou liquide

Compétences développées
- **Motricité fine** :
  - précision du geste lors du découpage,
  - précision du geste lors du traçage des maisons.
- **Graphisme** : décoration des maisons au feutre.

87 / Hiver

POUR ALLER PLUS LOIN

Présente une option permettant de poursuivre l'activité différemment.

MATÉRIEL

Une liste du matériel permet de vérifier si tout est à disposition.

COMPÉTENCES DÉVELOPPÉES

Chaque activité vise à développer certaines compétences chez l'enfant, telles que le graphisme, le collage, le découpage, la numération...

LE MÉCANISME D'APPRENTISSAGE

L'IMPORTANCE DE L'AUTONOMIE

Apprendre à écrire son prénom, à sauter à la corde, à s'habiller, à danser... Pour tout apprentissage, il existe trois clés fondamentales, qui sont des fonctions exécutives :

1 **Contrôle inhibiteur**
Afin de rester concentré en inhibant les distractions.

2 **Mémoire de travail**
Afin de garder en tête ce qui est important et de s'organiser.

3 **Flexibilité cognitive**
Afin d'ajuster ses essais en cas d'erreur.

Ainsi, afin de mener à bien tout apprentissage et toute activité, ces fonctions exécutives doivent être correctement développées. Sans cela, l'enfant ne parvient pas à se concentrer et s'organiser pour atteindre un objectif.
Dans ce cas, comment faire pour aider un enfant à développer ses compétences exécutives ? Rien d'extraordinaire, et pourtant : laisser l'enfant faire seul !
Il est important que l'adulte mène progressivement l'enfant vers l'autonomie chaque jour et dans toute chose, qu'il l'accompagne puis s'efface progressivement pour le laisser faire seul. En effet, lorsque l'enfant se chausse seul, remplit son verre d'eau seul, range ses chaussures seul, il a un objectif précis à atteindre et il doit tout mettre en œuvre pour y arriver. Il doit se concentrer, garder en mémoire ses actions, avoir des gestes précis, contrôler ses émotions en cas d'erreur et ajuster sa stratégie. C'est donc en laissant l'enfant faire seul ce qu'il est capable de faire qu'on l'aide à développer ses fonctions exécutives.

UN PETIT APPRENTI

« Maman/Papa, je n'y arrive pas, c'est trop dur ! »
Qui n'a jamais entendu cette phrase ? Selon Lev Vygotski, pédagogue psychologue connu pour ses recherches en développement psychologique, l'enfant est vu comme un petit apprenti.
Un petit apprenti, mais qu'est-ce que cela veut dire exactement ?
Vygotski suggère que les enfants sont davantage aptes à apprendre ou à réaliser des tâches complexes lorsqu'ils sont aidés ou accompagnés par une personne plus experte (un adulte ou un camarade). Cela conduit à classer les tâches proposées à un enfant de la sorte :

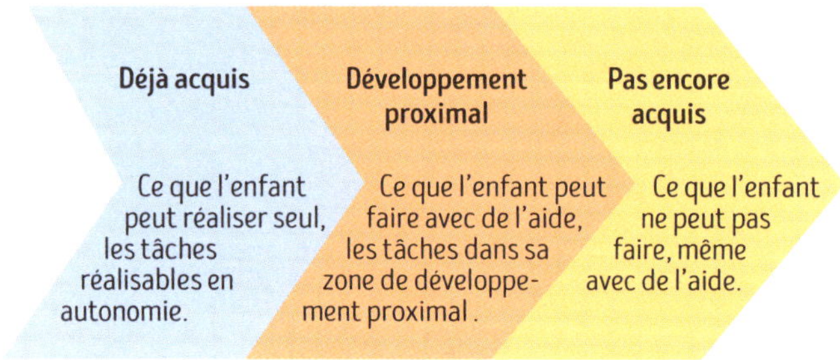

De fait, les tâches données à un enfant doivent osciller entre tâches réalisables en autonomie et tâches réalisables avec de l'aide, afin que l'enfant se sente en confiance dans un premier temps, mais développe également de nouvelles compétences avec l'aide ou le soutien d'adultes ou d'autres enfants.
La zone de développement proximal est donc tout ce que l'enfant peut maîtriser quand une aide appropriée, un coup de pouce, lui est donnée. C'est justement ce que, dans ce livre, nous allons chercher à développer chez l'enfant.

Grâce à l'adulte et à une aide appropriée, l'enfant va développer des compétences qu'il n'a pas encore acquises en menant des tâches qu'il ne pourrait réaliser entièrement seul. L'adulte doit soutenir l'effort de l'enfant apprenti et l'encourager, et non pas faire à sa place.

LES DIFFÉRENTS TYPES DE PÉDAGOGIE

La pédagogie traditionnelle est définie par Jean Houssaye, professeur de sciences de l'éducation, comme une « transmission de savoirs coupée de la vie », avec une posture de l'enseignant qui est supérieure à celle de l'élève et conduit à une vision verticale de l'enseignement. L'enseignant est l'élément central qui détient le savoir et le transmet.

Les pédagogies dites « actives », quant à elles, prônent une relation tout autre entre l'enseignant, le savoir et l'élève. L'élève est dans ce cas au centre de l'apprentissage ; c'est lui qui doit expérimenter, se tromper et essayer encore afin de construire les savoirs. L'enseignant n'est plus la personne qui transmet de façon verticale le savoir, mais celle qui aide à la construction du savoir. Cette façon de voir les choses demande d'être à l'écoute de l'enfant, de ses centres d'intérêt et de susciter sa curiosité.

L'IMPORTANCE DE LA BIENVEILLANCE

Une attitude bienveillante de l'adulte, qu'il soit parent ou enseignant, faciliterait les apprentissages.

« *Toutes les études convergent pour montrer que le cerveau se développe de façon optimale, tant intellectuellement qu'affectivement, lorsque l'enfant ou l'adolescent est écouté, compris, soutenu, encouragé, motivé* »

Catherine Gueguen

Le statut de l'erreur doit être traité telle une étape vers la réussite et non pas comme un échec paralysant tout essai de l'enfant. L'adulte ne doit pas montrer à l'enfant que l'erreur est un échec, et il ne doit pas non plus dénigrer l'enfant dans cette situation. Il doit plutôt veiller à l'encourager à recommencer, pour qu'il y parvienne la prochaine fois.

« *La peur de se tromper inhibe nos capacités* »

Catherine Gueguen

CE QUE DISENT LES NEUROSCIENCES

L'attitude de l'adulte face au comportement ou aux actions de l'enfant va être importante dans le développement de son cerveau. Les recherches en neurosciences affectives et sociales confirment qu'une relation empathique, aimante et apportant du soutien est fondamentale pour l'évolution optimale du cerveau de l'enfant.

OÙ, QUAND ET COMMENT SE LANCER ?

Afin de passer un moment de qualité avec votre enfant, une petite préparation est nécessaire. Rien de bien compliqué, mais quelques petites astuces vous permettront de vous lancer dans les meilleures conditions possibles.

OÙ LANCER UNE ACTIVITÉ AVEC SON ENFANT?

Pour que l'activité à la maison devienne un rituel et un moment de complicité, il faut lui dédier un espace bien identifiable. Il est important d'avoir un espace de travail propre et épuré. Une table dans la chambre de votre enfant ou la table de la salle à manger, par exemple, peuvent parfaitement faire l'affaire. Débarrassez tout ce qui est à portée de main de l'enfant et ne laissez que le matériel nécessaire à l'activité à proximité. Pour passer un moment de qualité, il est important d'éviter les distractions pour l'enfant. Exit donc la télévision allumée dans le fond de la pièce ou la grande sœur qui joue au ballon dans le salon!

QUAND LANCER UNE ACTIVITÉ AVEC SON ENFANT?

Vous êtes la personne qui connaît le mieux votre enfant ! Chaque enfant a des moments durant la journée où il est plus attentif, selon s'il fait la sieste ou pas, par exemple. Toutefois, l'ensemble des travaux européens qui ont porté sur l'évolution des performances intellectuelles des enfants au cours de la journée indique un profil classique identique : plus la matinée avance, plus les performances dans les apprentissages sont élevées et plus la concentration est importante ; c'est aussi le cas en fin d'après-midi.

COMMENT LANCER UNE ACTIVITÉ AVEC SON ENFANT?

La motivation intrinsèque, c'est-à-dire propre à l'enfant, est la clé pour le bon déroulement d'un moment d'apprentissage. Les activités proposées nécessitent le respect de consignes ainsi qu'une concentration importante ; de fait, il faut que votre enfant ait vraiment envie de participer et de réaliser un atelier.
Toutes les activités de ce livre sont illustrées et permettent d'admirer le résultat final de l'activité, avant d'en sélectionner une et de préparer tout le matériel nécessaire. Il est ainsi possible de montrer à l'enfant l'activité que vous allez réaliser ensemble avant de commencer, ou vous pouvez la choisir ensemble.

« Maman/papa, je n'ai pas envie ! » est certainement la phrase redoutée. Rassurez-vous, car je sais quoi faire dans cette situation ! Bien souvent, remettre à un peu plus tard l'activité suffit : « Tu n'en as pas envie maintenant, mais je reviendrai te chercher pour faire l'activité dans cinq minutes. Ça te va ? » Bien souvent, les enfants sont concentrés sur leurs propres activités ou pensées et n'ont simplement pas envie de s'interrompre, même si l'atelier proposé nous semble plus intéressant ou le moment choisi opportun.

Si, là encore, l'enfant est fermé à toute activité partagée, il y a trois possibilités :

- L'enfant a regardé la photographie de l'activité mais n'est pas très emballé. Dans ce cas, vous pouvez simplement choisir ensemble une autre activité.
- L'enfant est en plein jeu et ne regarde même pas. Dans ce cas, il est préférable de retenter plus tard pour lui laisser le temps de finir ce qui l'occupe. À ce moment-là, il sera possible de lui proposer à nouveau de participer à l'activité choisie.
- L'enfant a regardé la photographie de l'activité et dit qu'elle est trop difficile, qu'il n'y arrivera pas. Dans ce cas, rassurez l'enfant, dites-lui que vous allez faire cette activité ensemble, que vous allez l'accompagner face à toute difficulté. Il est nécessaire de le convaincre que cette activité est intéressante, passionnante, qu'il va utiliser des matériaux qu'il aime : peinture, colle, beau papier, paillettes…

LES PERFORMANCES DES ENFANTS

Le temps de concentration moyen d'un enfant de moins de 10 ans est de trente minutes environ. Par conséquent, je vous conseille de ne réaliser qu'une seule activité à la fois et de laisser ensuite à votre enfant un moment de jeu libre ou d'activité nécessitant moins de concentration et de staticité. Si l'atelier a plu à votre enfant et qu'il souhaite le refaire, c'est tout à fait possible. Toutefois, ne soyez pas étonné qu'il soit moins appliqué ou concentré que la première fois.

LE MATÉRIEL

« J'aimerais bien faire cet atelier avec mon enfant, mais il me manque le pistolet à colle, la perforatrice en forme de couronne et le tampon licorne… »
Qui n'a jamais été confronté à la difficulté d'avoir le matériel nécessaire à la réalisation d'une activité ?

Ici, pas d'inquiétude : tout est déjà chez vous, dans vos placards, votre cuisine, au supermarché du coin ou au détour d'une balade. Voici la liste du matériel fréquemment utilisé au cours des 52 activités de ce livre.

LE MATÉRIEL DE PAPETERIE :

- une paire de ciseaux,
- un bâton de colle ou un tube de colle liquide,
- un crayon à papier,
- du papier coloré ou à motifs,
- du papier blanc format A4 type Canson (je conseille des feuilles support d'au moins 120 g afin que le papier ne gondole pas),
- des feutres,
- un marqueur noir permanent ou un feutre acrylique (type Posca),
- un feutre doré fin,
- du ruban adhésif,
- des pinceaux,
- de la peinture : gouache (facile à nettoyer à l'eau) ou acrylique (rendu brillant mais plus difficile à nettoyer),
- des paillettes ou des autocollants décoratifs,
- de la laine,
- une perforatrice,
- des rubans,
- de la ficelle,
- des plumes,
- des chenilles…

LE MATÉRIEL DE CUISINE :

- de la farine,
- du sel,
- de l'huile,
- des emporte-pièces de Noël,
- des bâtonnets,
- des pailles….

LE MATÉRIEL DE RÉCUPÉRATION :

- des rouleaux de papier toilette,
- du carton,
- des boîtes à œufs,
- des couvercles de pots (confiture, yaourt…),
- des bouchons.

Plusieurs activités de ce livre sont à réaliser à l'aide de gabarits qui vont vous servir de modèle. Afin de ne pas rallonger les temps d'activité avec votre enfant, l'ensemble des gabarits est à retrouver p. 209. Vous pouvez les décalquer, les photocopier ou les imprimer en scannant ce QR code. Cela vous permettra de reproduire autant de fois que vous le souhaitez les activités.

Maintenant, vous pouvez vous lancer dans l'aventure d'une année d'activités pour apprendre et vous amuser avec votre enfant !

ACTIVITÉS EN EXTÉRIEUR

- **La récolte de feuilles** afin de constituer un herbier.
- **La construction d'une cabane** à l'aide de branches.
- **La cueillette des champignons,** pour en faire une bonne poêlée le soir venu. (Pensez à les faire vérifier dans une pharmacie avant de les consommer !)
- **Une chasse au trésor** comme peut le proposer l'application Geocaching®.
- **Du land art en forêt.** Il suffit de commencer par ramasser la multitude de matériaux que la nature offre (feuilles, cailloux, branches…), puis de créer : un mandala géant, un arc-en-ciel, un prénom, etc.

AUTOMNE

L'odeur des feux de bois, les douces températures et les couleurs chaudes : l'automne pointe le bout de son nez. C'est la saison idéale pour les longues balades en forêt afin d'admirer les feuilles rouges, jaunes et orange virevolter sous les arbres puis parer le sol. La nature vous appelle : chaussez vos bottes, enfilez votre manteau et partez à l'aventure avec votre enfant !

VISAGE COLORÉ

Se regarder dans la glace et se faire des grimaces, quoi de plus drôle ? Reconnaître son visage, nommer les parties qui le composent sont le début de la découverte de ce qu'est le corps humain. Avec un petit miroir à proximité, le moment sera parfait : votre enfant pourra ainsi s'observer et se découvrir à loisir. Avec cette activité, vous allez vous amuser à coup sûr à réaliser votre portrait et celui de votre enfant !

MATÉRIEL

- Feuille A4 de papier blanc (120 g minimum)
- Feuilles A4 de plusieurs nuances d'une couleur
- Colle en bâton ou liquide
- Paire de ciseaux
- Crayon à papier

COMPÉTENCES DÉVELOPPÉES

☑ **Motricité fine** : précision du geste lors de la phase de découpage et de collage.

☑ **Graphisme** : traçage des parties du visage.

☑ **Sciences** : observation et représentation du corps humain.

☑ **Langage** : acquisition d'un vocabulaire précis sur les parties du visage.

Visage coloré

PLUS FACILE

Vous pouvez tracer et découper les parties du visage au préalable afin de conserver l'attention de votre enfant lors de la suite de l'activité.

PLUS DIFFICILE

Tracez et découpez les détails et particularités du visage ainsi que les accessoires (grain de beauté, lunettes, bijoux…).

LES ASTUCES DE LA MAÎTRESSE

Utilisez un miroir afin que votre enfant s'observe en détail.

1 Choisis plusieurs nuances de papier d'une couleur.

2 Trace au crayon à papier les parties du visage sur plusieurs feuilles de différentes nuances : visage, yeux, sourcils, nez, bouche, oreilles, cheveux…

3 Découpe les différentes parties du visage.

4 Trace et découpe un buste.

5 Prends une feuille de papier blanc.

6 Superpose les parties du visage pour voir le rendu et recommencer si tu le souhaites.

7 Colle le buste, puis le visage.

8 Colle les cheveux.

9 Colle les sourcils et les yeux.

10 Colle le nez et la bouche.

11 Colle les oreilles.

12 Colle les détails ou les accessoires : boucles d'oreilles, grain de beauté, lunettes…

LES ASTUCES DE LA MAÎTRESSE

Donnez à votre enfant le nom de chaque partie du visage avec précision afin qu'il enrichisse son vocabulaire.

POUR ALLER PLUS LOIN

N'hésitez pas à réaliser le portrait de tous les membres de la famille !

DOMINOS ALPHABET

L'un des premiers jeux de société pour les enfants est le jeu des dominos. Connu de tous avec les constellations du dé afin de représenter les chiffres de 1 à 6, le jeu des dominos peut être utilisé sous diverses formes. Nous allons en fabriquer un qui va permettre de travailler le son des lettres tout en s'amusant.

❶ Sur un morceau de carton, trace des rectangles de 3 x 6 cm.

❷ Découpe chaque rectangle.

❸ Trace une ligne en pointillé au centre pour séparer le rectangle en deux carrés. Sur le carré gauche, trace une lettre de l'alphabet.

❹ Dessine un fruit ou un objet à l'aide des feutres sur le carré droit.

❺ Au feutre fin noir, repasse le contour de la forme dessinée.

❻ Réalise des dominos qui peuvent s'aligner : son de la lettre, première lettre de l'objet (poire / P).

MATÉRIEL

- Morceau de carton
- Règle
- Crayon à papier
- Paire de ciseaux
- Feutres de différentes couleurs
- Feutre fin noir

COMPÉTENCES DÉVELOPPÉES

☑ **Motricité fine** : précision du geste lors du traçage des rectangles.

☑ **Écriture** : traçage des lettres de l'alphabet.

☑ **Langage** :
• emploi du vocabulaire sur les dés,
• emploi du son des lettres lors du jeu.

AIDE DE L'ADULTE

Pour la réalisation de l'étape ❶.

LES ASTUCES DE LA MAÎTRESSE

Choisissez les lettres pour fabriquer vos dominos selon le niveau de votre enfant.

Plus facile
Les voyelles A, E, I, O, U. Leur nom est le même que le son qu'elles produisent.

Plus difficile
Les lettres qui produisent plusieurs sons comme le C : pour « citron » ou « carotte ».

PÂTE À SEL D'AUTOMNE

La pâte à sel est un incontournable de la maternelle ! Elle permet de fabriquer tant de petites choses avec les mains des petits – et à petit prix. La recette est toute simple et laisse sur les doigts un petit goût salé irrésistible. Alors sortez votre sel et votre farine et allez récolter de jolies feuilles mortes pour décorer vos créations.

MATÉRIEL

- Assiette creuse
- Tasse
- 2 tasses de farine
- 1 tasse d'eau
- 1 tasse de sel fin
- Rouleau à pâtisserie
- Feuilles d'arbres
- Couteau à bout rond
- Papier sulfurisé
- Pinceau
- Peinture aux couleurs de l'automne

COMPÉTENCES DÉVELOPPÉES

☑ **Motricité fine** :
- précision du geste lors de l'ajout des ingrédients,
- pétrissage de la pâte.

☑ **Organisation et logique** : suivi des étapes d'une recette dans un ordre précis.

☑ **Numération** : comptage par tasse.

LES ASTUCES DE LA MAÎTRESSE

Selon la quantité de pâte à sel souhaitée, utilisez une tasse ou un bol plus ou moins grand.

→

Selon la qualité de la farine, il faut plus ou moins d'eau.

→

1 Dans l'assiette creuse, verse la farine.

2 Verse l'eau.

3 Verse le sel.

4 À la main, mélange les ingrédients.

5 Ajoute de la farine ou de l'eau et mélange jusqu'à obtenir une pâte qui ne colle plus.

6 Au rouleau à pâtisserie, étale la pâte jusqu'à obtenir une épaisseur de moins de 1 cm.

7 Observe une vraie feuille et traces-en une dans la pâte à sel à l'aide d'un couteau. Enfonce le couteau jusqu'à toucher la table.

8 Trace les nervures de la feuille sans trop enfoncer le couteau.

9 Retire l'excédent de pâte et réalise d'autres feuilles.

10 Laisse la pâte à sel reposer entre 2 et 12 heures.

11 Au four, sur une plaque recouverte de papier sulfurisé, fais cuire la pâte à sel à 110 °C durant 2 heures.

12 Laisse refroidir, puis peins les feuilles aux couleurs de l'automne.

LES ASTUCES DE LA MAÎTRESSE

Utilisez un couteau à bout rond pour qu'il n'y ait aucun danger pour l'enfant.

POUR ALLER PLUS LOIN

Vous pouvez réaliser des feuilles de diverses espèces afin d'observer la variété des feuilles d'arbres.

AIDE DE L'ADULTE

Pour la réalisation de l'étape **11**.

POUPÉE TRACAS

Les enfants du Guatemala, en Amérique centrale, ont une magnifique tradition leur permettant de dormir sans la moindre inquiétude : confier leurs tracas à une poupée tracas. Alors chaque enfant fabrique une ou des poupées, qu'il nomme et fait dormir sous son oreiller. Avant de s'endormir, il suffit de confier à sa poupée-tracas tous ses soucis, c'est alors elle qui va se tracasser à notre place !

MATÉRIEL

- Laine colorée
- 2 chenilles
- Grande perle en bois
- Paire de ciseaux
- Feutre fin noir

COMPÉTENCES DÉVELOPPÉES

☑ **Motricité fine** : précision du geste lors de la phase de découpage et de nouage.

LES ASTUCES DE LA MAÎTRESSE

Selon l'épaisseur de votre laine, ajoutez des brins afin que cela soit dense.

→

PLUS FACILE

N'hésitez pas à aider votre enfant à nouer les brins de laine.

→

1 Coupe 20 à 30 brins de laine de la même longueur et empile-les.

2 Ajoute deux chenilles, une plus longue que l'autre, sur le tas de brins de laine.

3 À l'aide d'un brin de laine plus long, noue le tas de brins de laine et de chenilles.

4 Rabats vers le bas la laine et les chenilles.

5 Roule les extrémités des chenilles afin de former les mains et les pieds.

6 Au feutre fin noir, trace des yeux sur la perle en bois.

7 Passe les deux brins de laine plus longs dans la perle.

8 Coupe 10 à 20 brins de laine d'une autre couleur de la même longueur pour les cheveux.

9 Noue les brins de laine plus longs pour attacher les cheveux.

10 Coupe l'excédent de laine.

11 Noue un brin de laine à la taille de ta poupée.

12 Coupe l'excédent de laine.

LES ASTUCES DE LA MAÎTRESSE

Vous pouvez utiliser une chenille ou une baguette fine afin de vous aider à passer les brins de laine à l'intérieur de la perle.

←

POUR ALLER PLUS LOIN

Réalisez des poupées-tracas de diverses tailles et couleurs et donnez-leur chacune un nom.

CHAUVE-SOURIS À BONBONS

Halloween rime avec bonbons, non ? En tout cas, ils seront de la partie ! Et si on fabriquait une jolie petite chauve-souris pour ranger nos bonbons d'Halloween ? Un bricolage à base de récup' facile à réaliser, qui ravira votre enfant.

MATÉRIEL

- Rouleau de papier toilette
- Feuille de papier noir
- Feuille de papier blanc
- Peinture noire (gouache ou acrylique)
- Paire de ciseaux
- Yeux mobiles
- Pinceau
- Colle en bâton ou liquide
- Crayon à papier

COMPÉTENCES DÉVELOPPÉES

☑ **Motricité fine** :
- précision du geste lors de l'application de la peinture,
- précision du geste lors de la phase de découpage,
- pression lors de la phase de collage.

☑ **Graphisme** : traçage des ailes et des dents de la chauve-souris.

ASTUCE MATÉRIEL

Pour garder un espace de travail propre, n'hésitez pas à protéger la surface avec une nappe, un carton ou des journaux.

→

PLUS FACILE

Vous pouvez tracer et découper les parties du visage au préalable afin de conserver l'attention de votre enfant lors de la suite de l'activité.

→

1 Peins un rouleau de papier toilette en noir, intérieur et extérieur.

2 Sur une feuille de papier noir, trace les ailes de la chauve-souris.

3 Découpe les ailes.

4 Une fois le rouleau sec, rabats le sommet du rouleau de papier toilette afin de le fermer en appuyant au milieu du sommet.

5 Colle les deux ailes au dos.

6 Sur une feuille de papier blanc, trace les dents de la chauve-souris et découpe-les.

7 Colle les yeux mobiles.

8 Colle les dents.

9 Remplis la chauve-souris de confiseries.

10 Rabats les bords inférieurs pour refermer la chauve-souris.

ASTUCE MATÉRIEL

Si vous n'avez pas d'yeux mobiles, vous pouvez en dessiner sur une feuille, puis les découper et les coller.

COURONNE D'HALLOWEEN

Décorer joliment la maison pour Halloween
tout en faisant un peu peur, c'est un réel défi.
Ensemble nous allons réaliser une belle couronne
aux couleurs d'Halloween.

MATÉRIEL

- Morceau de carton
- Assiette
- Bol
- Crayon à papier
- Paire de ciseaux
- Pinceau
- Peinture noire
- Papier de soie violet
- Coton
- Pompons blancs, violets et orange
- Colle liquide
- Chenille noire
- Yeux mobiles
- Ficelle

COMPÉTENCES DÉVELOPPÉES

☑ **Motricité fine** :
• précision du geste lors de l'application de la peinture,
• précision du geste lors de la phase de découpage et de collage.

Couronne d'Halloween

PLUS FACILE

Vous pouvez tracer et découper la couronne au préalable afin de conserver l'attention de votre enfant lors de la suite de l'activité.

LES ASTUCES DE LA MAÎTRESSE

Pour garder un espace de travail propre, n'hésitez pas à protéger la surface avec une nappe, un carton ou des journaux.

Protégez votre enfant à l'aide d'une blouse ou d'un vieux t-shirt.

Avant de laisser votre enfant confectionner les fleurs en papier de soie montrez-lui comment faire. Insistez sur le mouvement de la main.

1 À l'aide d'une assiette, trace un grand cercle sur un morceau de carton.

2 À l'aide d'un bol, trace un petit cercle au centre du grand cercle.

3 Découpe la couronne.

4 Peins la couronne en noir.

5 Découpe des bandes de papier de soie violet de 10 cm de large. Roule le papier de soie sur lui-même afin de former des fleurs.

6 Colle les fleurs sur la couronne.

7 Colle du coton sur la couronne.

8 Colle des pompons blancs et orange sur la couronne.

9 Coupe de petits bouts de chenille noire. Enfonce-les dans des pompons violets pour former des araignées.

10 Colle les araignées sur la couronne.

11 Colle des yeux sur les pompons blancs et sur les araignées.

12 Découpe, puis noue une ficelle et colle-la au dos de la couronne.

LES ASTUCES DE LA MAÎTRESSE

Avant de coller le coton, demandez à votre enfant de l'étirer avec les doigts. Cela fait travailler la pince des doigts, nécessaire à la bonne prise en main d'un crayon.

ASTUCE MATÉRIEL

Si vous n'avez pas d'yeux mobiles, vous pouvez en dessiner sur une feuille, puis les découper et les coller.

TOILE D'ARAIGNÉE

Et si on tissait avec précision, comme de petites araignées ? C'est en fabriquant cette jolie toile d'araignée que vous allez réaliser combien il est facile d'initier les petites mains de vos enfants aux travaux tissage et de de couture.

MATÉRIEL

- Assiette en carton
- Bol
- Cutter
- Peinture noire (gouache ou acrylique)
- Pinceau
- Perforatrice
- Ficelle ou laine orange
- Paire de ciseaux
- Feuille de papier noir (120 g minimum)
- Crayon à papier
- Petit couvercle de pot
- Yeux mobiles
- Colle en bâton ou liquide

COMPÉTENCES DÉVELOPPÉES

☑ **Motricité fine** :
• précision du geste lors de l'application de la peinture,
• précision du geste lors de la phase de découpage,
• précision du geste lors de la phase de tissage.

☑ **Graphisme** : traçage des parties de l'araignée.

Toile d'araignée

AIDE DE L'ADULTE

Pour la réalisation de l'étape 2.

→

LES ASTUCES DE LA MAÎTRESSE

Pour garder un espace de travail propre, n'hésitez pas à protéger la surface avec une nappe, un carton ou des journaux.

→

PLUS FACILE

N'hésitez pas à réaliser le nœud pour votre enfant si cela est trop difficile pour lui.

→

1 Prends une assiette en carton.

2 Sur un support pour protéger la table, demande à ton parent de découper au cutter le centre de l'assiette en suivant le contour d'un bol.

3 Au pinceau, peins en noir l'assiette des deux côtés.

4 Perfore tout le tour du cercle intérieur de l'assiette.

5 Fais passer la ficelle orange à travers tous les trous pour former la toile d'araignée.

6 Une fois la toile terminée, noue les fils au dos et coupe l'excédent.

7 Sur une feuille de papier noir, trace un cercle à l'aide d'un petit couvercle de pot et d'un crayon à papier.

8 Trace les huit pattes de l'araignée.

9 Découpe le corps et les pattes de l'araignée.

10 Colle les pattes au dos de l'araignée.

11 Colle les yeux mobiles.

12 Place l'araignée sur la toile.

PLUS FACILE

N'hésitez pas à tracer et découper les parties de l'araignée à la place de votre enfant.

ASTUCE MATÉRIEL

Si vous n'avez pas d'yeux mobiles, vous pouvez en dessiner sur une feuille, puis les découper et les coller.

SORCIÈRE SUR SON BALAI

Vêtue de noir, un chapeau pointu sur la tête et enfourchant son balai : c'est bien de la sorcière dont il est question ! Personnage incontournable pendant Halloween, mais également au sein de nombreuses histoires, on ne se lasse pas de ses potions ni de ses grimoires. Cette jolie sorcière en papier à assembler saura ravir votre enfant et occuper un doux après-midi d'automne.

MATÉRIEL

- Feuilles A4 de papier blanc, noir, sable et jaune (120 g minimum)
- Règle
- Crayon à papier
- Paire de ciseaux
- Petit couvercle de pot
- Grand couvercle de pot
- Laine grise
- Feutre fin noir
- Peinture bleu foncé, bleu clair et violette (gouache ou acrylique)
- Pinceau
- Colle forte liquide

COMPÉTENCES DÉVELOPPÉES

☑ **Motricité fine** :
- précision du geste lors de la phase de découpage,
- précision du geste lors de la phase de collage.

☑ **Graphisme** : traçage des parties de la sorcière et des accessoires.

☑ **Géométrie** : traçage des formes (cercle et triangles).

☑ **Repérage dans l'espace** : positionnement et orientation des parties du corps de la sorcière.

☑ **Organisation et logique** : assemblage de la sorcière par étapes dans un ordre précis.

Sorcière sur son balai

PLUS FACILE

Tracez et découpez au préalable toutes les formes nécessaires afin de ne pas perdre l'attention de votre enfant.

LES ASTUCES DE LA MAÎTRESSE

Tracer des formes géométriques est toujours l'occasion de les nommer et de donner leurs caractéristiques pour les reconnaitre.

1 Trace sur une feuille de papier noir un triangle isocèle de 8 cm de base et 10 cm de hauteur.

2 Trace sur une feuille de papier noir un triangle isocèle de 5 cm de base et 7 cm de hauteur.

3 Découpe ces deux triangles.

4 Trace puis découpe sur une feuille de papier noir un rectangle de 17 cm de long et de 1 cm de large.

5 Trace puis découpe un cercle sur une feuille de papier jaune à l'aide d'un petit couvercle de pot.

6 Découpe des brins de laine de 5 cm de longueur.

7 À l'aide d'un grand couvercle de pot, trace un cercle sur une feuille de papier couleur sable.

8 Prends une feuille A4 de papier blanc. Prépare de la peinture bleu clair, bleu foncé et violette.

9 Au sommet de la feuille, à l'aide d'un pinceau, étale de la peinture violette.

10 Au milieu de la feuille, à l'aide d'un pinceau, étale de la peinture bleu foncé.

LES ASTUCES DE LA MAÎTRESSE

Lors de l'application de la peinture, la feuille peut bouger. Votre enfant doit tenir la feuille d'une main et peindre de l'autre. C'est une habitude à prendre qui servira plus tard lors d'activités d'écriture par exemple.

ASTUCE MATÉRIEL

Pour garder un espace de travail propre, n'hésitez pas à protéger la surface avec une nappe, un carton ou des journaux.

LES ASTUCES DE LA MAÎTRESSE

N'hésitez pas à assembler la sorcière avant de la coller pour que l'enfant visualise bien le rendu attendu.

11 Au bas de la feuille, à l'aide d'un pinceau, étale de la peinture bleu clair.

12 Colle le manche du balai de la sorcière au bas de la feuille.

13 Ajoute le corps de la sorcière.

14 Colle la tête, puis le chapeau pointu.

15 Dépose de la colle à l'arrière de la tête de la sorcière et à l'arrière du balai.

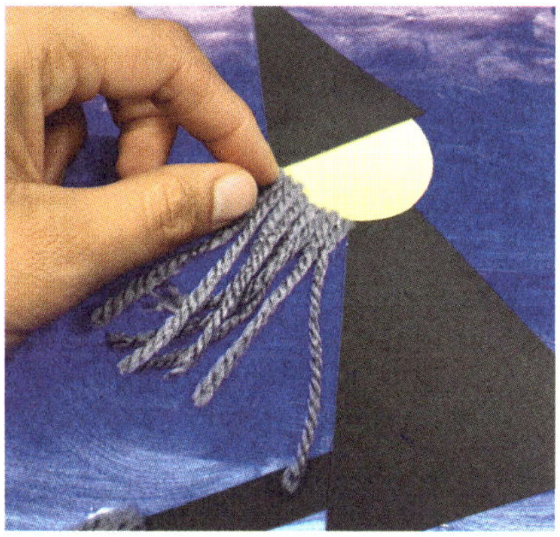

16 Dépose les brins de laine sur la colle pour faire les cheveux de la sorcière et les poils du balai.

17 Colle la Lune sur la feuille.

18 Au feutre fin noir, ajoute l'œil, le nez et la bouche.

POUR ALLER PLUS LOIN

Cette activité sera le point de départ idéal pour inventer en famille une histoire mettant en scène une sorcière sur son balai le soir d'Halloween.

PETITS MONSTRES

« Maman, j'ai vu un monstre ! » Tous les enfants ont un jour prononcé cette phrase. Et si les monstres étaient amusants ? Et si nous les inventions ensemble ? Une paille, de la peinture, et c'est parti pour créer plein de petits monstres colorés !

1 Coupe des rouleaux de papier toilette pour en avoir de diverses tailles.

2 Peins chaque rouleau d'une couleur différente.

3 Colle des yeux mobiles sur chaque monstre, varie le nombre.

4 Colle sur un morceau de ruban adhésif autant de chenilles que d'yeux pour faire les cheveux. Colle le ruban adhésif à l'intérieur du rouleau.

5 Sur une feuille de papier blanc, trace des triangles. Découpe-les et colle-les pour faire les dents des monstres.

6 Colle des strass sur les monstres.

MATÉRIEL

- Rouleaux de papier toilette
- Paire de ciseaux
- Peinture acrylique de diverses couleurs
- Pinceau
- Colle en bâton ou liquide
- Yeux mobiles
- Crayon à papier
- Chenilles de diverses couleurs
- Feuille de papier blanc
- Ruban adhésif
- Strass

COMPÉTENCES DÉVELOPPÉES

☑ **Motricité fine** :
• précision du geste lors de l'application de la peinture,
• précision du geste lors de la phase de découpage et de collage.

☑ **Numération** :
réalisation de deux collections avec le même nombre d'objets (autant d'yeux que de cheveux).

LES ASTUCES DE LA MAÎTRESSE

Pour garder un espace de travail propre, n'hésitez pas à protéger la surface avec une nappe, un carton ou des journaux.

Si vous n'avez pas d'yeux mobiles, vous pouvez en dessiner sur une feuille blanche, puis les découper et les coller.

PIXEL ART

Le pixel art est une forme d'art numérique qui permet de fabriquer une image en colorant chaque pixel représenté par un carré. En maternelle, le pixel art est utilisé notamment pour travailler la symétrie. Voici comment réaliser une citrouille en pixel art – mais également bien d'autres incontournables grâce aux différents modèles proposés !

1 Demande à ton parent d'imprimer, de photocopier ou de décalquer le modèle p. 210 .

2 Colorie les cases comme sur le modèle.

3 Par symétrie, colorie les cases du côté droit, les petits éléments en priorité.

4 Observe si ton œuvre de pixel art est bien symétrique.

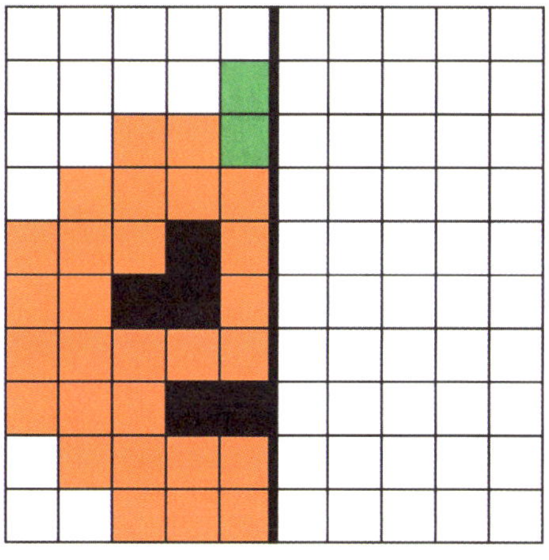

MATÉRIEL

- Modèle de grille de pixel art p. 210
- Feutres de différentes couleurs

COMPÉTENCES DÉVELOPPÉES

- **Motricité fine** : précision du geste lors du coloriage.
- **Repérage dans l'espace** : positionnement et orientation des cases à colorier.
- **Géométrie** : pratique de la symétrie afin d'obtenir une image cohérente.

LES ASTUCES DE LA MAÎTRESSE

Pour réaliser un modèle symétrique, il va être nécessaire de compter les cases à colorier. Montrez comment faire à votre enfant.

POUR ALLER PLUS LOIN

D'autres modèles sont à retrouver p. 211.

PÂTE À MODELER MAISON

Jouer avec de la pâte à modeler, c'est fabriquer des mondes, inventer des histoires et faire vivre ses personnages ! Colorée et douce à souhait, voici la pâte à modeler rêvée… Je partage avec vous une recette bien connue et utilisée au sein de mon école. Testée et approuvée par des générations d'élèves !

MATÉRIEL

- Casserole
- Tasse
- Cuillère à soupe
- 3 tasses de farine
- 1 tasse et demi de Maïzena®
- 4 cuillères à soupe d'huile d'origine végétale
- ¾ de tasse de sel fin
- 3 tasses d'eau
- 3 cuillères à soupe d'alun de potassium
- Sachets de congélation
- Colorants alimentaires
- Bocaux en verre (pour la conservation)

COMPÉTENCES DÉVELOPPÉES

☑ **Motricité fine** :
- précision du geste lors de l'ajout des ingrédients,
- pétrissage de la pâte.

☑ **Organisation et logique** : suivi des étapes d'une recette dans un ordre précis.

☑ **Numération** : comptage par tasse.

LES ASTUCES DE LA MAÎTRESSE

Selon la quantité souhaitée de pâte à modeler, utilisez une tasse ou un bol plus ou moins grand.

Faites compter à votre enfant les tasses utilisées, cela donne du sens aux nombres.

ASTUCE MATÉRIEL

Vous pouvez trouver l'alun de potassium en vente en pharmacie.

1 Dans une casserole, verse la farine.

2 Verse la Maïzena®.

3 Verse le sel fin.

4 Ajoute l'huile végétale.

5 Ajoute l'alun de potassium.

6 Verse l'eau.

7 Mélange à la cuillère tous les ingrédients.

8 Mélange à feu doux jusqu'à obtention d'une pâte molle.

9 Retire du feu et pétris la pâte sur le plan de travail.

10 Divise la pâte en pâtons. Place un pâton dans un sachet de congélation et ajoute quelques gouttes de colorant alimentaire.

11 Mélange la pâte sans la sortir du sachet.

12 Stocke la pâte dans des bocaux en verre fermés.

AIDE DE L'ADULTE

Pour la réalisation de l'étape 8.

LES ASTUCES DE LA MAÎTRESSE

Vous pouvez utiliser du colorant alimentaire ou de l'encre, c'est ce qui permet d'avoir une belle coloration.

ASTUCE MATÉRIEL

La pâte à modeler peut être conservée plusieurs mois dans des bocaux en verre.

POUR ALLER PLUS LOIN

Vous pouvez fabriquer dinosaures, poulpes, escargots, poissons… À vous de jouer !

RENARD POILU

Parce qu'il est le personnage clé de nombreuses histoires, le renard ne cesse de nous intriguer. Ce petit animal rusé, qui parvient bien souvent à ses fins, est identifiable grâce à son pelage roux, ses oreilles pointues et son museau élancé. Un joli petit renard sous les feuilles d'automne, c'est irrésistible ! Tracer son pelage sera une forme de doodle art (griffonnage répétitif) nécessitant concentration et précision afin d'atteindre un état presque méditatif.

1 Prends une feuille de papier blanc et recouvre-la de peinture dorée.

2 Tamponne la feuille à l'aide d'un bouchon et de peinture marron.

3 Imprime, photocopie ou décalque le modèle du renard p. 212. Trace les poils du renard au feutre noir entre chaque ligne.

4 Découpe le renard.

5 À l'aide d'un feutre noir, trace le contour et les nervures d'une feuille sur chaque tache de peinture marron.

6 Colle le renard au centre de la feuille.

MATÉRIEL

- Feuille A4 de papier blanc (120 g minimum)
- Peinture dorée et marron (gouache ou acrylique)
- Pinceau
- Bouchon
- Modèle du renard p. 212
- Feutre noir
- Paire de ciseaux
- Colle en bâton ou liquide

COMPÉTENCES DÉVELOPPÉES

☑ **Motricité fine** : précision du geste lors de l'application de la peinture.

☑ **Graphisme** : traçage des poils du renard et des nervures des feuilles.

AIDE DE L'ADULTE

Pour la réalisation de l'étape 3.

LES ASTUCES DE LA MAÎTRESSE

Pour garder un espace de travail propre, n'hésitez pas à protéger la surface avec une nappe, un carton ou des journaux.

PLUS DIFFICILE

Tracez les poils du renard en variant les tailles et les couleurs de feutre.

LES TROIS PETITS COCHONS

Et si, plutôt que de lire une histoire à votre enfant, vous l'écoutiez la raconter ? Les trois petits cochons est un conte bien connu des petits, qui met en scène un personnage fort des contes : le loup ! Cette boîte à histoires permet ici d'inverser les rôles et d'écouter son enfant raconter avec ses mots une histoire qu'on a pris tant de plaisir à lire.

MATÉRIEL

- 3 rouleaux de papier toilette
- 1 rouleau d'essuie-tout
- Peinture acrylique noire et rose
- Pinceau
- Yeux mobiles
- Boutons
- Chenille rose
- Feuille de papier noir
- Crayon à papier
- Règle
- Paire de ciseaux
- Feutres de différentes couleurs (type Posca)
- Morceau de carton
- Colle en bâton ou liquide

COMPÉTENCES DÉVELOPPÉES

☑ **Motricité fine** :
• précision du geste lors de l'application de la peinture,
• précision du geste lors des phases de découpage et de collage.

☑ **Graphisme** : précision du geste afin d'effectuer le graphisme des maisons (lignes verticales et horizontales).

☑ **Langage** : mobilisation du langage d'évocation afin de raconter l'histoire des trois petits cochons avec les personnages.

LES ASTUCES DE LA MAÎTRESSE

Pour garder un espace de travail propre, n'hésitez pas à protéger la surface avec une nappe, un carton ou des journaux.

1 Prends les rouleaux de papier toilette.

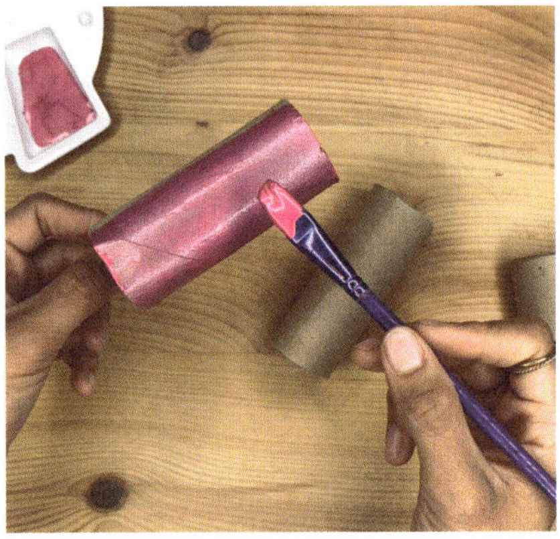

2 Peins-les en rose.

3 Prends le rouleau d'essuie-tout.

4 Peins-le en noir.

5 Laisse sécher sur un support.

6 Rabats les deux côtés un des sommets des rouleaux roses pour les fermer.

7 Colle des yeux mobiles.

8 Colle un bouton pour faire le groin.

9 Au dos de chaque cochon, colle un morceau de chenille rose pour la queue.

10 Sur une feuille de papier noir, au crayon à papier, dessine une tête de loup.

11 Découpe la tête de loup.

12 Au feutre, décore la tête du loup.

LES ASTUCES DE LA MAÎTRESSE

Si vous n'avez pas d'yeux mobiles, vous pouvez en dessiner sur une feuille, puis les découper et les coller.

PLUS FACILE

N'hésitez pas à dessiner et découper la tête du loup afin d'aider votre enfant.

LES ASTUCES DE LA MAÎTRESSE

Retrouvez le gabarit détaillé de la maison à la fin de l'activité p. 65.

AIDE DE L'ADULTE

Pour la réalisation de l'étape 16.

13 Colle la tête du loup sur le rouleau noir.

14 Sur une feuille de papier noir, trace une queue.

15 Découpe la queue, puis décore-la à l'aide d'un feutre blanc.

16 Sur un morceau de carton, trace trois gabarits de maison.

17 Découpe les trois patrons.

18 Au feutre blanc, trace le contour du gabarit et repasse les arêtes.

19 À l'aide des feutres, décore les maisons, une de paille, une de bois et une de brique.

20 Plie chaque maison le long des arêtes.

21 Dépose de la colle sur la face non décorée.

22 Assemble chaque maison.

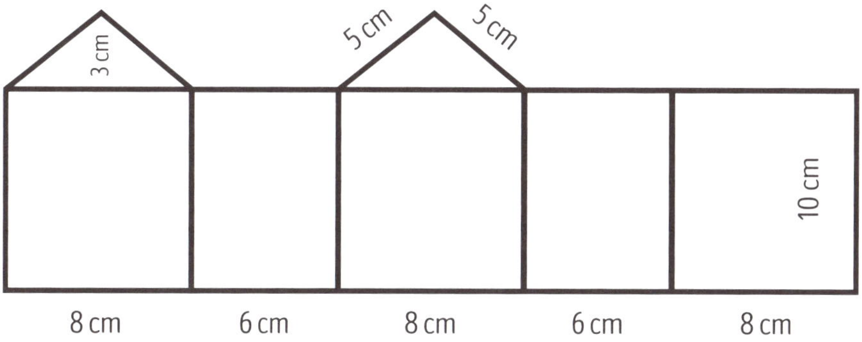

PLUS FACILE

Votre enfant peut colorier chaque maison de la couleur du matériau utilisé.

Jaune : la paille

Marron : le bois

Rouge : la brique

ACTIVITÉS DE FIN D'ANNÉE

- **Peindre dans la neige avec des colorants naturels :** le jus de betterave ou de carotte, une soupe d'épinards… Les légumes représentent une multitude de colorants naturels que l'on peut préparer et emporter en extérieur sans polluer !
- **Construire une cabane en carton** à la maison en récupérant les emballages des cadeaux, pour des heures de jeu.
- **Fabriquer une maison en pain d'épice** pour la déguster une fois nos yeux satisfaits.
- **Déguster un chocolat chaud maison,** installé sous un plaid bien douillet.
- **Se déguiser avec des vêtements de la famille.** Il suffit de piocher dans le panier de linge propre qui reste à plier et c'est le fou rire garanti !

HIVER

Les longues nuits étoilées, l'air frais sur notre visage et cette douce odeur de cannelle… Ça y est, l'hiver est là ! Dehors, la nature est calme, sereine, rien ne bouge, tout semble endormi. Les paysages d'un blanc étincelant nous fascinent et constituent un terrain de jeu des plus amusants. Période de partage, de joie et de célébration, les fêtes de fin d'année sont des moments de convivialité privilégiés. En famille ou entre amis, ces instants offrent parfois peu de répit et de calme.

JOLIS POMPONS

Et si, cette année, on décorait le sapin avec des décorations maison ? Rien de bien compliqué : pour fabriquer des boules maison et incassables, il suffit d'avoir de la laine, un peu de carton et du temps devant soi. Plus la laine est épaisse et colorée, plus votre sapin sera sublime !

MATÉRIEL

- Morceau de carton
- Crayon à papier
- Couvercle de pot de confiture
- Pièce de 2 euros
- Paire de ciseaux
- Cutter
- Laine de diverses couleurs

COMPÉTENCES DÉVELOPPÉES

☑ **Motricité fine** :
- précision du geste lors de la manipulation de la laine,
- précision lors des phases de découpage,
- précision lors du traçage des cercles.

Jolis pompons

PLUS FACILE

Vous pouvez tracer et découper les disques au préalable afin de conserver l'attention de votre enfant lors de la suite de l'activité.

→

AIDE DE L'ADULTE

Pour la réalisation de l'étape 4.

→

LES ASTUCES DE LA MAÎTRESSE

Pour aller plus vite, vous pouvez attacher deux brins de laine entre eux et les enrouler autour des anneaux en carton en même temps.

→

1 Prends un morceau de carton.

2 À l'aide d'un couvercle de pot de confiture, trace deux cercles.

3 À l'aide d'une pièce de 2 euros, trace un petit cercle à l'intérieur de chaque grand cercle.

4 Évide les disques au cutter.

5 Superpose les deux anneaux obtenus et commence à enrouler un long brin de laine autour.

6 Enroule le brin de laine en passant par l'intérieur jusqu'à recouvrir toute la surface cartonnée.

7 Pousse la laine pour apercevoir le carton.

8 Passe la paire de ciseaux entre les deux anneaux en carton et découpe la laine sur tout le tour du disque.

9 Découpe un nouveau brin de laine.

10 Noue le brin de laine entre les deux anneaux afin de maintenir ensemble tous les fils coupés.

11 Retire les deux anneaux.

12 Attache le brin de laine à l'aide d'un nœud et coupe l'excédent de laine.

LES ASTUCES DE LA MAÎTRESSE

Les deux anneaux en carton peuvent être réutilisés plusieurs fois pour fabriquer de nouveaux pompons !

POUR ALLER PLUS LOIN

Si vous souhaitez obtenir des pompons de différentes tailles, il faut réaliser d'autres tailles de disques à l'aide de couvercles plus grands ou plus petits.

SABLÉS DE NOËL

Une soirée d'hiver sous un plaid bien chaud s'accompagne parfaitement bien d'une infusion et de bons sablés. Et pas n'importe lesquels : des sablés de Noël avec un bon goût de cannelle. Avec cette recette simple et efficace, vous ne commettrez aucun faux pas et passerez un agréable moment avec votre enfant. Alors sortez vos rouleaux et pâtissez !

MATÉRIEL

- Balance
- 250 g de farine
- 125 g de sucre
- 125 g de beurre mou
- 1 cuillère à café de cannelle
- 1 œuf
- Emporte-pièces sur le thème de Noël
- Saladier
- Cuillère à café
- Film alimentaire
- Papier sulfurisé
- Pour décorer : vermicelles, pâte à sucre ou chocolat
- Rouleau à pâtisserie

COMPÉTENCES DÉVELOPPÉES

Motricité fine :
- précision du geste lors de l'ajout des ingrédients,
- précision du geste lors de la décoration des sablés.

Organisation et logique : réalisation des étapes dans un ordre précis.

PLUS FACILE

Afin de conserver l'attention de votre enfant durant l'activité, préparez les quantités exactes de tous les ingrédients au préalable.

1 Mets la farine dans un saladier.

2 Ajoute le sucre.

3 Ajoute la cannelle.

4 Mélange les ingrédients à l'aide de la cuillère.

5 Ajoute le beurre et mélange à la main.

6 Ajoute l'œuf, puis mélange à la main.

7 Mélange jusqu'à ce que la pâte se décolle des bords.

8 Filme la pâte au contact et laisse reposer 1 heure au réfrigérateur.

9 Étale la pâte jusqu'à ce qu'elle fasse 1 cm d'épaisseur.

10 À l'aide d'emporte-pièces, découpe des formes.

11 Place les sablés sur une plaque de four recouverte de papier sulfurisé, puis enfourne 12 minutes à 180 °C.

12 Décore les sablés avec des vermicelles, de la pâte à sucre ou du chocolat.

LES ASTUCES DE LA MAÎTRESSE

Ajoutez de la farine jusqu'à obtention de la bonne consistance ; la pâte ne doit plus coller.

La pâte sablée est difficile à travailler lorsqu'elle se réchauffe. N'hésitez pas à la diviser et à sortir petit à petit la quantité nécessaire du réfrigérateur afin de réaliser vos petits sablés.

AIDE DE L'ADULTE

Pour la réalisation de l'étape 11.

MON BEAU SAPIN

Le sapin est l'arbre incontournable de la période de Noël. Petits comme grands ont hâte de l'installer et de le décorer. Voici une alternative afin de satisfaire les plus impatients. Cette activité saura à coup sûr ravir votre enfant et vous-même, puisque simplicité de réalisation est le mot d'ordre pour ce beau sapin en papier !

MATÉRIEL

- Feuille A4 de papier noir (120 g minimum)
- Feuilles de papier coloré ou à motifs
- Crayon à papier
- Colle en bâton ou liquide
- Strass, gommettes, paillettes ou gel pailleté
- Règle
- Paire de ciseaux

COMPÉTENCES DÉVELOPPÉES

☑ **Motricité fine** :
• précision du geste lors du découpage du papier,
• précision du geste lors du collage.

☑ **Géométrie** : manipulation, comparaison et classement de bandes de diverses tailles.

LES ASTUCES DE LA MAÎTRESSE

Sélectionnez du papier épais pour qu'il ne gondole pas après application de la colle.

PLUS FACILE

Pour un enfant jeune, ne mettez à disposition que le nombre exact de bandes qui vont être utilisées afin de lui faciliter l'activité.

Pensez à ne sortir la colle qu'après avoir essayé d'assembler le sapin pour que votre enfant puisse se tromper et recommencer facilement.

1 Choisis plusieurs feuilles de papier coloré ou à motifs.

2 Trace des bandes de même largeur.

3 Découpe les bandes de même largeur mais de diverses longueurs dans plusieurs papiers.

4 Prends une feuille de papier noir.

5 Place les bandes les unes au-dessus des autres, de la plus petite à la plus grande.

6 Ajoute un tronc à ton sapin.

7 Colle les bandes de papier une à une.

8 Ajoute des gommettes.

9 Ajoute des strass.

10 Ajoute une étoile.

11 Dépose de petits points de colle.

12 Saupoudre de paillettes.

LES ASTUCES DE LA MAÎTRESSE

Retournez les bandes une à une pour ne pas les mélanger et garder le bon emplacement.

ASTUCE MATÉRIEL

Vous pouvez remplacer les paillettes par du gel pailleté ou des gommettes.

PETIT RENNE

Et si je vous disais qu'on peut fabriquer des petits rennes des neiges en faisant de la géométrie, vous le croiriez ? Je sais bien que ça semble compliqué et pourtant c'est une activité amusante et facile. Alors vous n'avez plus qu'à sortir vos vieux bâtonnets de glace ou les touillettes à café pour fabriquer à votre tour de jolies suspensions de Noël.

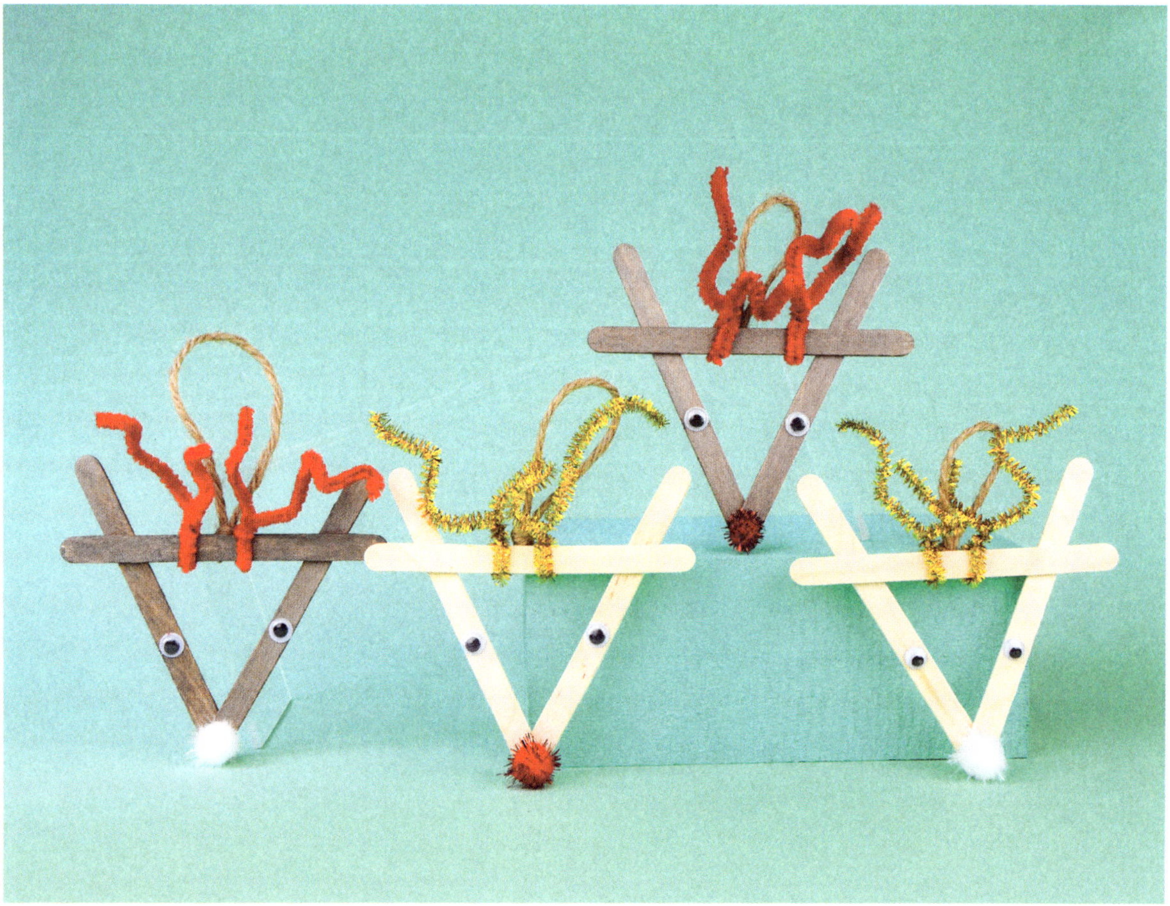

1 Peins les bâtonnets avec la peinture marron.

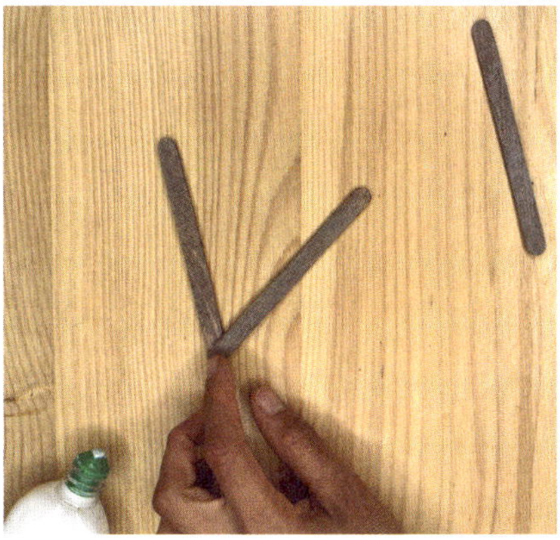

2 Colle deux bâtonnets ensemble pour former un V.

3 Colle le troisième bâtonnet pour former un triangle avec deux bâtonnets qui dépassent.

4 Ajoute deux chenilles entortillées pour les bois du renne.

5 Colle deux yeux mobiles et un pompon pour le nez.

6 Au dos, colle une ficelle nouée.

MATÉRIEL

- 3 bâtonnets
- Peinture marron (acrylique)
- Yeux mobiles
- Pompon
- Colle en bâton ou liquide
- Ficelle
- Chenilles
- Paire de ciseaux
- Pinceau

COMPÉTENCES DÉVELOPPÉES

☑ **Motricité fine** :
- précision du geste lors de l'assemblage du renne,
- précision du geste lors du collage.

☑ **Géométrie** : réalisation d'une forme triangulaire.

POUR ALLER PLUS LOIN

Vous pouvez réaliser divers petits rennes en changeant la couleur des bâtonnets, des chenilles et des pompons.

Joyeuses Fêtes

CARTE « JOYEUSES FÊTES »

Le plaisir d'offrir n'a pas d'âge ! Permettez à votre enfant d'offrir une magnifique carte qu'il aura réalisée de ses mains afin de voir la fierté briller dans ses yeux, mais aussi dans les yeux de celui ou celle qui la recevra. Avec cette carte réalisable dès 3 ans, vous êtes sûr de passer un bon moment grâce à la simplicité de la réalisation, et d'obtenir un beau résultat !

MATÉRIEL

- Feuille A4 de papier blanc (120 g minimum)
- Crayon à papier
- Règle
- Paire de ciseaux
- Couvercle de pot de confiture
- Pinceau fin
- Peinture vert clair et vert foncé (gouache ou acrylique)
- Gel pailleté (ou peinture) doré et rouge
- Feutre doré
- Gomme

COMPÉTENCES DÉVELOPPÉES

☑ **Motricité fine** : précision du geste lors de l'application de la peinture.

☑ **Écriture** : copie de mots.

Carte « Joyeuses fêtes »

PLUS FACILE

Vous pouvez tracer et découper la carte au préalable afin de conserver l'attention de votre enfant lors de la suite de l'activité.

1 Trace un carré de 15 x 15 cm sur la feuille de papier blanc.

2 Découpe le carré.

3 Coupe les bords pour les arrondir.

4 Trace un cercle à l'aide d'un couvercle de pot de confiture.

LES ASTUCES DE LA MAÎTRESSE

Pensez à ne sortir qu'une seule peinture à la fois pour éviter les mélanges et laisser votre enfant se concentrer sur une étape à la fois !

5 Cache le cercle avec des traces de peinture vert clair.

6 Cache le cercle avec des traces de peinture vert foncé.

7 Ajoute de petits points de gel pailleté rouge.

8 Ajoute de petits points de gel pailleté doré.

9 Écris « Joyeuses fêtes » au crayon à papier.

10 Repasse « Joyeuses fêtes » au feutre doré.

11 Ajoute des points dorés à l'extérieur de la couronne verte.

12 Gomme les traces de crayon.

LES ASTUCES DE LA MAÎTRESSE

Adaptez la phase d'écriture selon le niveau de votre enfant (lettres capitales ou cursives) :

- **Plus facile :** Tracez le modèle du texte sur une autre feuille et faites-le copier sur la carte.
- **Plus difficile :** Dictez-lui les lettres nécessaires en donnant leur son ou leur nom.

PLUS FACILE

Si votre enfant écrit « trop gros », tracez sur la carte deux lignes au crayon à papier entre lesquelles il va écrire.

Attention à gommer une fois le feutre sec, pour éviter que l'encre ne bave !

VILLE DE LUMIÈRE

Comme les illuminations de Noël sont belles, comme il fait bon se promener sous les douces lumières des suspensions lors des nuits d'hiver ! Avec un peu de carton et de la volonté, c'est à la maison que nous pouvons reconstituer cette ambiance des froides soirées illuminées. Préparez vos bougies ou guirlandes pour faire briller votre ville de lumière !

MATÉRIEL

- Moreceau de carton
- Crayon à papier
- Règle
- Paire de ciseaux
- Cutter
- Feutre blanc (type Posca)
- Colle en bâton ou liquide

COMPÉTENCES DÉVELOPPÉES

☑ **Motricité fine** :
- précision du geste lors du découpage,
- précision du geste lors du traçage des maisons.

☑ **Graphisme** : décoration des maisons au feutre.

AIDE DE L'ADULTE

Pour la réalisation de l'étape 2.

PLUS FACILE

Afin de conserver l'attention de votre enfant, tracez le gabarit de la maison au préalable.

PLUS DIFFICILE

Laissez votre enfant découper seul le gabarit de la maison. Pensez à vérifier le placement de ses doigts sur la paire de ciseaux et sur le carton.

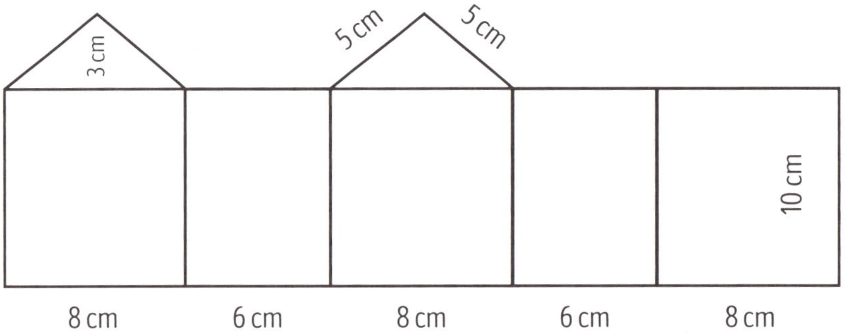

1 Gabarit maison en carton : voir p. 65.

2 Trace le gabarit d'une maison au crayon.

3 Découpe le gabarit de la maison.

4 Repasse les traits de crayon au feutre blanc.

5 Trace les tuiles du toit en faisant des ponts inversés.

6 Dessine la porte et les fenêtres.

7 Dessine les décorations de la façade.

8 Au cutter, découpe les fenêtres.

9 Plie la maison sur chaque arête.

10 Dépose de la colle sur la dernière face de la maison.

11 Assemble la maison pour qu'elle tienne debout en pliant chaque arête et rabats la face encollée à l'intérieur.

AIDE DE L'ADULTE

Pour la réalisation de l'étape 8.

LES ASTUCES DE LA MAÎTRESSE

Pour donner vie à votre village de Noël, ajoutez des personnages, des animaux et surtout des lumières.

POUR ALLER PLUS LOIN

Vous pouvez réaliser des maisons de diverses hauteurs ou largeurs, il vous suffit de modifier les mesures du gabarit de maison proposé.

SUSPENSION NATURELLE

Après une balade en forêt ou dans un parc, on rentre souvent à la maison avec des bouts de bois, des pommes de pin, des feuilles et des glands. Plutôt que de les jeter, on peut réaliser de magnifiques suspensions en utilisant les trésors de la nature, de la corde de jute et de la colle. Alors pourquoi s'en priver ?

1 Plie en deux des feuilles de papier vert et blanc.

2 Trace des demi-sapins à partir du bord plié des feuilles.

3 Découpe puis déplie les sapins.

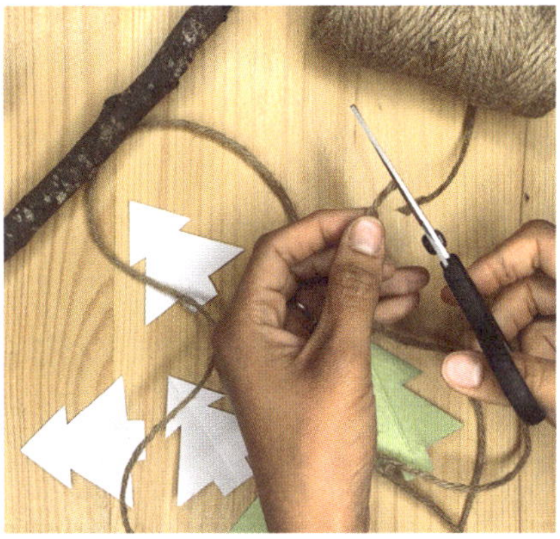

4 Découpe des bouts de ficelle.

5 Enroule et attache les ficelles autour d'un bâton.

6 Colle sur les ficelles des pommes de pin et les sapins.

MATÉRIEL

- Feuilles de papier blanc et vert (120 g minimum)
- Crayon à papier
- Règle
- Paire de ciseaux
- Colle liquide ou pistolet à colle
- Ficelle
- Bâton
- Pommes de pin

COMPÉTENCES DÉVELOPPÉES

☑ **Motricité fine** :
- précision du geste lors de l'attache de la corde,
- précision lors du traçage des sapins,
- précision lors des phases de découpage.

LES ASTUCES DE LA MAÎTRESSE

Cette activité est idéale à réaliser au retour d'une balade en forêt selon vos récoltes !

Pensez à utiliser une colle qui devient transparente après séchage.

Vous pouvez utiliser un pistolet à colle manié par un adulte.

MAISONS SOUS LA NEIGE

Qui n'aime pas l'observer tomber et blanchir tout ce qui nous entoure ? La neige qui tombe a un côté envoûtant et paisible. Je vous propose ici de reproduire la magie des villes sous la neige. Un peu de papier, de la colle, et c'est parti ! Vous ne pourrez plus arrêter votre enfant. Préparez-vous à fabriquer plusieurs villes sous la neige !

MATÉRIEL

- Feuille A4 de papier bleu (120 g minimum)
- Feuilles de papier coloré ou à motifs
- Crayon à papier
- Règle
- Colle en bâton ou liquide
- Peinture blanche (gouache ou acrylique)
- Coton-Tige
- Paire de ciseaux
- Feutre noir

COMPÉTENCES DÉVELOPPÉES

☑ **Repérage dans l'espace** : disposition des formes dans un sens précis afin de former les maisons.

☑ **Géométrie** : reconnaissance des formes selon leur nom (carré, triangle, rectangle).

☑ **Graphisme** : décoration des maisons au feutre afin de préparer la main aux activités d'écriture.

LES ASTUCES DE LA MAÎTRESSE

Prenez du papier à motifs pour que le rendu soit plus joli.

→

PLUS FACILE

Pour un enfant jeune, ne découpez qu'une largeur de bâtiment et une base de triangle afin que tous les triangles soient à la bonne taille.

→

PLUS DIFFICILE

Laissez à l'enfant des rectangles et des triangles de tailles diverses afin qu'il sélectionne ceux qui permettent d'obtenir des maisons à la bonne taille.

→

1 Choisis plusieurs feuilles de papier coloré ou à motifs et traces-y des rectangles et des carrés de diverses tailles.

2 Découpe les rectangles et les carrés tracés.

3 Trace des triangles de diverses tailles et formes dans d'autres feuilles de papier coloré.

4 Découpe les triangles tracés.

5 Prends une feuille de papier bleu.

6 Place au bas de la feuille un rectangle surmonté d'un triangle afin d'obtenir une maison. Ne colle pas.

7 Colle les maisons lorsque la taille du toit correspond à celle de la maison.

8 Alterne les couleurs des maisons et des toits.

9 Ajoute au feutre noir les portes.

10 Ajoute au feutre noir les fenêtres.

11 À l'aide d'un Coton-Tige et de peinture blanche, dépose de petits points sur les toits pour symboliser la neige.

12 Ajoute des flocons de neige dans le ciel.

LES ASTUCES DE LA MAÎTRESSE

Pensez à ne sortir la colle qu'après avoir essayé d'assembler une maison pour que votre enfant puisse se tromper et recommencer facilement.

POUR ALLER PLUS LOIN

Vous pouvez décorer les façades ou les toits au feutre.

COURONNE CHÂTEAU

Rois, reines, princes et princesses : comme il est agréable de lire et relire les contes de notre enfance ! Pour créer un bon conte, il faut assurément un château et une couronne. Alors pourquoi ne pas fabriquer les deux ? Avec cette superbe couronne château, vous serez prêt à déguster vos galettes et à être le roi ou la reine de la soirée !

MATÉRIEL

- Modèle de couronne château p. 213 et 214
- Peinture dorée (gouache ou acrylique)
- Peinture colorée au choix (gouache ou acrylique)
- Pinceau
- Feutre noir
- Colle liquide forte
- Paire de ciseaux

COMPÉTENCES DÉVELOPPÉES

☑ **Motricité fine** :
- précision du geste lors de l'application de la peinture,
- précision du geste lors du découpage du papier.

☑ **Graphisme** : précision du geste lors de la décoration de la couronne au feutre afin de réaliser un quadrillage et des ponts.

Couronne château

AIDE DE L'ADULTE

Pour la réalisation de l'étape ❶.

→

PLUS FACILE

Vous pouvez découper les pièces de la couronne au préalable afin de conserver l'attention de votre enfant lors de la suite de l'activité.

→

LES ASTUCES DE LA MAÎTRESSE

Pour garder un espace de travail propre, n'hésitez pas à protéger la surface avec une nappe, un carton ou des journaux.

→

❶ Imprime, photocopie ou décalque le modèle de couronne château p. 213 et 214.

❷ Découpe le château et le nombre de murailles nécessaires pour que la couronne soit à la bonne taille.

❸ Peins en doré la partie principale de la couronne.

❹ Peins aux couleurs de ton choix les fenêtres, les portes et les toits.

❺ Au feutre noir, trace des lignes horizontales sur la muraille.

❻ Trace de petites lignes verticales entre les lignes horizontales afin de former des pierres.

7 Décore le toit à l'aide de ponts inversés pour faire les tuiles.

8 Trace des lignes horizontales dans le château sans traverser les fenêtres et la porte.

9 Trace de petites lignes verticales entre les lignes horizontales afin de former des pierres.

10 Dépose de la colle à l'extrémité d'une bande de la muraille.

11 Dépose de la colle à l'extrémité de la deuxième bande de la muraille.

12 Assemble la couronne.

PLUS FACILE

Votre enfant peut décorer sa couronne à l'aide de gommettes plutôt qu'avec des éléments de graphisme.

LES ASTUCES DE LA MAÎTRESSE

Avant de coller, vérifiez la longueur de muraille nécessaire pour que la couronne soit bien à la taille de votre enfant.

GALETTE DES ROIS

Ça croustille, c'est parfumé et savoureux…
Incontournable du mois de janvier, la galette frangipane recèle les saveurs de notre enfance.
Après avoir fabriqué les couronnes, cuisinons ensemble une galette à déguster en famille !

MATÉRIEL

- Balance
- 2 pâtes feuilletées
- 100 g de beurre mou
- 150 g de sucre en poudre
- 200 g de poudre d'amande
- 3 œufs
- 1 ou plusieurs fèves
- Saladier
- Fouet
- Fourchette
- Pinceau de cuisine
- Couteau
- Papier sulfurisé

COMPÉTENCES DÉVELOPPÉES

☑ **Motricité fine** :
• précision du geste lors de l'ajout des ingrédients,
• précision du geste lors de la décoration de la galette.

☑ **Organisation et logique** : réalisation des étapes dans un ordre précis.

PLUS FACILE

Préparez les ingrédients et les ustensiles avant de démarrer l'activité avec votre enfant, afin de lui permettre d'être attentif durant l'atelier.

LES ASTUCES DE LA MAÎTRESSE

Pour chacune de ces étapes, laissez votre enfant verser et mélanger, puis mélangez à votre tour.

Piquer la pâte permet à la galette de ne pas gonfler lors de la cuisson.

1 Dans un saladier, casse 2 œufs.

2 Ajoute le sucre et mélange à l'aide d'un fouet.

3 Ajoute le beurre.

4 Ajoute la poudre d'amande.

5 Mélange à l'aide du fouet.

6 Déroule une pâte feuilletée et pique-la avec une fourchette.

7 Dépose la frangipane sur la pâte feuilletée et place une fève (ou plusieurs).

8 Recouvre de la deuxième pâte feuilletée puis roule les bords des pâtes pour fermer la galette.

9 Sépare le blanc du jaune du dernier œuf.

10 Décore la galette en réalisant des motifs au couteau.

11 Badigeonne la galette de jaune d'œuf à l'aide d'un pinceau de cuisine.

12 Place la galette sur une plaque de four recouverte de papier sulfurisé. Enfourne pour 30 à 40 minutes à 180 °C.

LES ASTUCES DE LA MAÎTRESSE

Si vous avez plusieurs enfants, vous pouvez placer plusieurs fèves.

PLUS FACILE

Vous pouvez séparer le jaune du blanc à la place de votre enfant si cela est trop complexe pour lui.

N'hésitez pas à percer la pâte supérieure afin que la galette ne gonfle pas lors de la cuisson.

AIDE DE L'ADULTE

Pour la réalisation de l'étape 12.

SAPINS SOUS LA NEIGE

Les sapins et la neige : tout ce qu'il faut pour être immédiatement transporté par la magie qu'offrent les paysages d'hiver ! Cette activité mêlera découpage et pliage précis afin de préparer des sapins en 3D. Donner du relief au papier est toujours une étape impressionnante pour les enfants, cela les initie au bricolage et aux loisirs créatifs !

MATÉRIEL

- Feuille A4 de papier noir (120 g minimum)
- Feuilles de papier vert, marron et à motifs
- Colle liquide
- Paillettes dorées ou gel pailleté doré
- Crayon à papier
- Règle
- Paire de ciseaux

COMPÉTENCES DÉVELOPPÉES

☑ **Motricité fine** :
- précision du geste lors du pliage des triangles,
- précision lors du découpage des triangles en papier.

☑ **Géométrie** : traçage et reconnaissance de la forme triangle.

Sapins sous la neige

PLUS FACILE

Vous pouvez tracer et découper les rectangles au préalable afin de conserver l'attention de votre enfant lors de la suite de l'activité.

1 Trace trois rectangles de 6 x 11 cm sur trois papiers différents.

2 Découpe les rectangles.

3 Trace dans chaque rectangle un triangle isocèle en plaçant le sommet au milieu du petit côté du rectangle.

4 Découpe les triangles.

5 Plie en deux tous les triangles.

6 Applique de la colle sur l'une des faces pliées de chaque triangle et colle ensemble les trois triangles pliés.

7 Trace d'autres triangles de tailles diverses afin de réaliser d'autres sapins.

8 Colle les sapins sur le bas d'une feuille de papier noir.

9 Alterne les tailles et les couleurs des sapins.

10 Dépose des gouttes de colle liquide.

11 Saupoudre de paillettes dorées.

LES ASTUCES DE LA MAÎTRESSE

N'hésitez pas à faire certains sapins petits et d'autres grands pour que le rendu final soit plus joli.

ASTUCE MATÉRIEL

Vous pouvez utiliser du gel pailleté à la place des paillettes si vous souhaitez éviter leur dispersement.

FLOCON DE NEIGE

Avez-vous déjà observé un flocon de neige de très près ?
Si ce n'est pas le cas, faites-le : vous serez surpris par la beauté des flocons et plus encore par la variété des motifs présents. Chacun correspond à des conditions météorologiques bien précises.
À l'intérieur de notre maison, il fait trop chaud pour de vrais flocons, mais fabriquons-en avec des Cotons-Tiges.

MATÉRIEL

- Feuille A4 de papier kraft (120 g minimum)
- Bol
- Perforatrice
- Ficelle
- Colle liquide
- Crayon à papier
- Cotons-Tiges
- Paire de ciseaux
- Paillettes argentées

COMPÉTENCES DÉVELOPPÉES

☑ **Repérage dans l'espace** : disposition des formes dans un sens précis afin de former les flocons de neige.

☑ **Motricité fine** :
- précision lors du découpage des Cotons-Tiges,
- précision lors du collage des Cotons-Tiges.

Flocon de neige

PLUS FACILE

Afin de conserver l'attention de votre enfant, n'hésitez pas à découper les Cotons-Tiges au préalable.

1 Découpe 6 Cotons-Tiges et récupère les bouts de 9 autres.

2 Prends une feuille de papier kraft.

3 Trace un cercle à l'aide d'un bol et d'un crayon à papier.

4 Découpe le disque de papier.

ASTUCES MATÉRIEL

Utilisez une colle liquide qui devient transparente lorsqu'elle sèche.

Vous pouvez retirer l'excédent à l'aide d'un pinceau.

5 Sur le disque, dépose les Cotons-Tiges en étoile sans les coller, afin de réaliser la base de ton flocon.

6 Colle les Cotons-Tiges un par un.

7 Sur chaque branche du flocon, colle deux bouts de Coton-Tige.

8 Sur chaque branche du flocon, colle deux bouts de Coton-Tige au-dessus des deux premiers.

9 Dépose de la colle au centre du flocon.

10 Dépose de la colle sur chaque extrémité de Coton-Tige.

11 Saupoudre de paillettes argentées.

12 Perfore le disque de papier kraft et ajoute une ficelle.

POUR ALLER PLUS LOIN

Pour réaliser d'autres flocons, inspirez-vous des divers modèles proposés !

CŒUR DE COUTURE

La Saint-Valentin est mondialement connue pour être la fête des amoureux. Pourquoi ne pas simplement célébrer l'amour et fabriquer une carte à offrir à une personne qu'on aime ? Avec peu de choses, on peut faire vraiment plaisir !

MATÉRIEL

- Feuille A4 de papier rouge (120 g minimum)
- Papier journal, feuille de magazine
- Règle
- Colle en bâton ou liquide
- Crayon à papier
- Feutre noir
- Paire de ciseaux
- Laine blanche
- Perforatrice

COMPÉTENCES DÉVELOPPÉES

☑ **Motricité fine** :
- précision du geste lors des phases de découpage de la carte et de la laine,
- précision lors de la phase de couture avec la laine.

Cœur de couture

PLUS FACILE

Vous pouvez tracer et découper les disques au préalable afin de conserver l'attention de votre enfant lors de la suite de l'activité.

1 Sur une feuille de papier rouge, trace un carré de 15 x 15 cm.

2 Découpe le carré.

3 Arrondis les angles de la carte.

4 Perfore la carte sur tout le contour.

LES ASTUCES DE LA MAÎTRESSE

Pour obtenir trois cœurs identiques, tracez un cœur et placez deux autres feuilles en dessous lors du découpage.

5 Trace trois cœurs de même taille au feutre noir dans du papier journal ou une feuille de magazine.

6 Plie les cœurs en deux.

7 Dépose de la colle sur la zone pliée et colle les cœurs en les superposant les uns sur les autres.

8 Découpe un long brin de laine.

9 Fais le tour de la carte avec le brin de laine en entrant dans un trou toujours par le dessus.

10 Arrête-toi lorsque tu es passé par tous les trous.

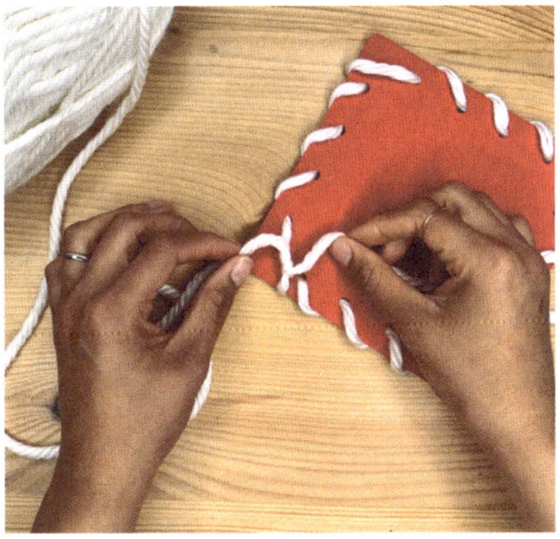

11 Noue le brin de laine au dos.

12 Coupe l'excédent de laine.

LES ASTUCES DE LA MAÎTRESSE

Si votre laine est fine, vous pouvez réaliser plusieurs passages autour de la carte.

ACTIVITÉS EN EXTÉRIEUR

- **La cueillette de fleurs** à faire sécher et à presser entre les pages des livres.
- **Le jardinage.** Le printemps est une période idéale pour les semis en extérieur, mais aussi en intérieur !
- **Les balades à vélo.** Emportez un pique-nique et partez vous aérer en famille !
- **La construction d'un alphabet géant.** Ramassez les matériaux qu'offre la nature : feuilles, cailloux, branches…
- **La fabrication d'une cabane à oiseaux.** Après l'avoir peinte et y avoir déposé des graines, il n'y aura plus qu'à espérer les voir passer !

PRINTEMPS

Le chant des oiseaux, la douce chaleur du soleil, la floraison des arbres et l'éclosion des nouvelles feuilles sont autant d'indices de l'arrivée du printemps. Le renouveau de la nature et le retour des animaux sont autant de spectacles à observer. L'allongement des journées et la chaleur retrouvée nous permettent de retourner aux activités d'extérieur. Période propice à la mise en activité, le printemps est idéal pour se connecter à la nature et à sa famille.

CLOWN DE CIRQUE

Figure emblématique du cirque, le clown séduit petits et grands par ses couleurs et ses pitreries. C'est par le biais d'un petit jeu de graphisme et de hasard à partager en famille que vous pourrez ensemble décorer ce clown. Une activité à consommer sans modération !

MATÉRIEL

- Modèle du visage p. 215
- Feuille A4 de papier blanc (120 g minimum)
- Feutres de différentes couleurs
- Règle
- Colle en bâton ou liquide
- Paire de ciseaux
- Crayon à papier

COMPÉTENCES DÉVELOPPÉES

☑ **Motricité fine** : précision des gestes pour plier et assembler le cube.

☑ **Graphisme** : réalisation de motifs graphiques pour les cheveux du clown.

☑ **Géométrie** : fabrication d'un cube.

Clown de cirque

PLUS FACILE

Vous pouvez tracer et découper le patron du cube au préalable afin de conserver l'attention de votre enfant lors de l'activité.

AIDE DE L'ADULTE

Pour la réalisation des étapes 1 2 3 4.

LES ASTUCES DE LA MAÎTRESSE

Choisissez avec votre enfant les motifs du dé, ceux-ci doivent être faciles à réaliser pour lui.

1 Sur la feuille de papier blanc, trace un rectangle de 20 x 5 cm.

2 Trace des lignes tous les 5 cm afin d'avoir quatre carrés de 5 x 5 cm.

3 Trace deux carrés de 5 x 5 cm de part et d'autre du deuxième carré.

4 Trace des languettes comme sur le modèle.

5 Découpe le patron du cube.

6 Trace un motif graphique par face du cube à l'aide des feutres.

7 Plie les faces du cube et les languettes.

8 Applique de la colle sur les languettes et assemble le cube.

9 Imprime, photocopie ou décalque le modèle du visage p. 215.

10 Au feutre rouge, colorie un nez.

11 Lance le dé et trace le motif tiré en haut du visage, pour représenter les cheveux.

12 Le jeu s'arrête lorsqu'il n'y a plus de place !

AIDE DE L'ADULTE

Pour la réalisation de l'étape 9.

LES ASTUCES DE LA MAÎTRESSE

Lors de la phase de jeu, lancez le dé chacun votre tour afin de décorer la chevelure du clown selon le graphisme obtenu !

FAMILLE BOUTONS

Un petit portrait de famille à la mode des boutons, qu'en pensez-vous ? Il suffit de sortir les boutons accumulés et jamais utilisés et d'en choisir soigneusement quelques-uns pour représenter chaque membre de la famille : un bouton fleuri pour maman, un bouton drôle pour son frère… À chaque bouton son style !

1 Trace un rectangle de 15 x 21 cm sur la feuille de papier blanc. Découpe-le et arrondis les angles.

2 Au bas de la feuille, trace deux lignes au crayon, distantes de 1 cm.

3 Choisis et colle un bouton par membre de la famille.

4 Au feutre noir, trace le corps, les bras et les jambes des membres de la famille.

5 Entre les lignes, écris le prénom de chaque membre au crayon à papier et repasse au feutre.

6 Gomme le crayon.

MATÉRIEL

- Boutons
- Feuille A4 de papier blanc (120 g minimum)
- Crayon à papier
- Règle
- Colle en bâton ou liquide
- Paire de ciseaux
- Feutre noir
- Gomme

COMPÉTENCES DÉVELOPPÉES

☑ **Motricité fine** :
- précision du geste lors de la phase de découpage,
- précision du geste lors de la phase de collage.

☑ **Écriture** : écriture du nom de chaque membre de la famille.

LES ASTUCES DE LA MAÎTRESSE

Adaptez la police d'écriture selon l'âge et les compétences de votre enfant :

Plus facile :
Lettres capitales.

Plus difficile :
Lettres cursives (en attaché).

Attention à gommer une fois le feutre sec, pour éviter que cela bave !

MASQUE DE CARNAVAL

Se déguiser et s'amuser, c'est bien l'objectif premier du carnaval ! À l'abri des masques, tous égaux, nous allons passer un bon moment. Sortez strass et paillettes, et laissez libre cours à votre créativité !

MATÉRIEL

- Modèle de masque p. 216
- Paire de ciseaux
- Feutres de différentes couleurs
- Colle en bâton ou liquide
- Strass ou paillettes
- Plumes
- Ruban
- Perforatrice

COMPÉTENCES DÉVELOPPÉES

☑ **Motricité fine** :
- précision du geste lors du coloriage,
- précision du geste lors de la phase de découpage,
- précision du geste lors du passage du ruban.

AIDE DE L'ADULTE

Pour la réalisation de l'étape 1.

PLUS FACILE

N'hésitez pas à découper à la place de votre enfant si cela est trop complexe pour lui.

LES ASTUCES DE LA MAÎTRESSE

Profitez de cette activité de coloriage afin de vérifier la prise en main du feutre de votre enfant. Plusieurs prises en main sont correctes d'autres ne le sont pas. N'hésitez pas à replacer les doigts de votre enfant.

1 Imprime, photocopie ou décalque le modèle de masque p. 216.

2 Décore le masque au feutre avec des motifs.

3 Colorie l'ensemble du masque.

4 Colle des strass ou des paillettes.

5 Découpe le masque.

6 Perfore le masque de part et d'autre.

7 Au dos du masque, dépose de la colle.

8 Colle des plumes.

9 Passe un ruban dans un trou et noue-le.

10 Ajuste le ruban à la taille de ta tête avant de faire le deuxième nœud.

ASTUCE MATÉRIEL

Utilisez une ficelle élastique pour une meilleure tenue dans le temps.

AIDE DE L'ADULTE

Pour la réalisation de l'étape 10.

SAC À ŒUFS LAPIN

La chasse aux œufs approche ! Fabriquons ensemble un sac en forme de lapin pour y ranger directement les chocolats !

MATÉRIEL

- 3 assiettes en carton
- Crayon à papier
- Feutres de différentes couleurs
- Colle en bâton ou liquide
- Paire de ciseaux
- Papier à motifs
- Perforatrice
- Ruban

COMPÉTENCES DÉVELOPPÉES

☑ **Motricité fine** :
• lors de la phase de découpage,
• lors de la phase de traçage des pièces du sac.

☑ **Organisation et logique** : réalisation des étapes de fabrication dans un ordre précis.

Sac à œufs lapin

LES ASTUCES DE LA MAÎTRESSE

Vous devez coller les assiettes face à face afin qu'il y ait un espace entre elles, cela permet d'obtenir de la place pour en faire un sac.

PLUS FACILE

Aidez votre enfant à tracer les oreilles du lapin sur l'assiette en carton.

1 Trace une ligne arrondie sur le haut d'une assiette, puis découpe en suivant la ligne.

2 Dépose de la colle sur le tour de l'assiette coupée et colle la face intérieure de l'assiette coupée sur une deuxième assiette.

3 Sur une troisième assiette, trace deux oreilles.

4 Découpe les oreilles.

5 Colle les oreilles à l'intérieur des deux assiettes assemblées.

6 Avec les feutres, trace les yeux, le museau et les moustaches du lapin.

7 Colorie les oreilles du lapin.

8 Perfore le lapin de part et d'autre au niveau des moustaches.

9 Fais passer un ruban par les trous.

10 Noue le ruban au dos du lapin.

11 Sur du papier à motifs, trace des fleurs et des cercles.

12 Découpe-les et colle-les pour décorer le lapin.

LES ASTUCES DE LA MAÎTRESSE

Ajustez la longueur du ruban selon la taille de l'enfant pour que le sac ne soit pas trop grand.

PLUS FACILE

N'hésitez pas à découper les fleurs pour aider votre enfant.

KOINOBORI

C'est bien du pays du Soleil-Levant que proviennent ces belles carpes colorées qui parent le ciel chaque année lors de la fête des enfants, le 5 mai, au Japon. Elles sont devenues un symbole de force et de persévérance. Une légende ancienne raconte que la carpe qui parvient à remonter le courant du fleuve Jaune se transforme en dragon lors de son arrivée à la source. Laissez-vous porter par cette belle activité au goût d'ici et d'ailleurs !

MATÉRIEL

- Modèle de koinobori p. 217
- Peinture de différentes couleurs (gouache ou acrylique)
- Pinceau fin
- Paire de ciseaux
- Feutre noir
- Rubans
- Colle en bâton ou liquide
- Perforatrice

COMPÉTENCES DÉVELOPPÉES

☑ **Motricité fine** :
- précision du geste lors de l'application de la peinture,
- précision du geste lors du passage du ruban.

Koinobori

AIDE DE L'ADULTE

Pour la réalisation de l'étape 1.

ASTUCE MATÉRIEL

Si l'application de la peinture n'est pas fluide pour votre enfant, ajoutez de l'eau à la gouache pour que le mouvement soit facilité.

PLUS DIFFICILE

Vous pouvez demander à votre enfant de ne jamais avoir deux écailles qui se touchent de la même couleur. Il devra être attentif à ses choix de peinture.

1 Imprime, photocopie ou décalque le modèle de koinobori p. 217.

2 Avec un pinceau fin, peins les écailles en changeant de couleur à chaque fois.

3 Peins le bas du koinobori d'une seule couleur.

4 Peins le haut du koinobori d'une seule couleur.

5 Au feutre noir, dessine les yeux.

6 Au feutre noir, dessine la bouche.

7 Dépose de la colle sur l'extrémité de la feuille.

8 Roule le koinobori sur lui-même pour le coller.

9 Découpe des rubans de diverses tailles.

10 Colle les rubans à l'intérieur du koinobori.

11 Perfore de part et d'autre le haut du koinobori.

12 Fais passer un ruban dans les trous et noue-le.

POUR ALLER PLUS LOIN

Vous pouvez accrocher le koinobori à un bâton et le faire voler au vent ou en courant.

TANGRAM

Le tangram, appelé « jeu des sept pièces », est une sorte de puzzle chinois. Facile à fabriquer, il permet de travailler la représentation abstraite des objets qui nous entourent. Voilà comment fabriquer le carré de base afin de reconstituer par la suite les modèles proposés ou d'inventer les vôtres.

MATÉRIEL

- Morceau de carton
- Règle
- Crayon à papier
- Paire de ciseaux
- Feutres de diverses couleurs (type Posca)

COMPÉTENCES DÉVELOPPÉES

- **Motricité fine** : précision du geste lors du découpage de papier.
- **Repérage dans l'espace** : positionnement et orientation des sept parties du tangram lors de l'assemblage de modèles.
- **Organisation et logique** : assemblage des pièces dans un ordre précis.

Tangram

PLUS FACILE

Vous pouvez tracer et découper le tangram au préalable afin de conserver l'attention de votre enfant lors de la suite de l'activité.

AIDE DE L'ADULTE

Pour la réalisation des étapes 2 3 4 5 6.

1 Prends un morceau de carton.

2 Au crayon à papier et à la règle, trace un carré.

3 Trace les diagonales du carré.

4 Trace les médianes du carré.

5 Trace les diagonales des petits carrés.

6 Repasse les lignes au feutre comme ci-dessus.

7 Découpe le tour du carré.

8 Découpe les sept pièces du tangram en suivant les lignes repassées au feutre.

9 Colorie chaque pièce d'une couleur différente.

10 Assemble le tangram selon les modèles proposés .

LES ASTUCES DE LA MAÎTRESSE

Attention, si vous choisissez de colorier aux couleurs de votre choix, la couleur des modèles proposés ne correspondra pas.

POUR ALLER PLUS LOIN

Vous pouvez fabriquer les animaux ou objets de votre choix à l'aide du tangram. Prenez-les en photos et demandez à votre enfant de les réaliser.

POULETTES

« Cot, cot ! » font les poulettes dans leur poulailler. Animal emblématique de la vie à la ferme, les poules sont un incontournable. Alors sortez vos pinceaux et en avant pour ce défilé de demoiselles à plumes !

MATÉRIEL

- 1 boîte d'œufs
- Paire de ciseaux
- Colle liquide
- Peinture de différentes couleurs (gouache ou acrylique)
- Pinceau
- Feuille de papier orange
- Crayon à papier
- Cutter
- Yeux mobiles
- Plumes

COMPÉTENCES DÉVELOPPÉES

☑ **Motricité fine** :
- précision du geste lors de l'application de la peinture,
- précision du geste lors du traçage des becs,
- précision du geste lors de la phase de découpage.

Poulettes

PLUS FACILE

N'hésitez pas à découper à la place de votre enfant si cela est trop complexe pour lui.

ASTUCE MATÉRIEL

Pensez à protéger votre espace de travail à l'aide d'une nappe ou de journaux.

Pour votre enfant, utilisez une blouse ou un vieux t-shirt.

1 Prends une boîte d'œufs.

2 Découpe-la afin de récupérer les formes rondes.

3 Dépose de la colle sur le pourtour d'une forme ronde.

4 Colle deux formes rondes l'une sur l'autre et maintiens entre tes doigts quelques instants.

5 Peins les poules selon la couleur de ton choix.

6 Plie une feuille de papier orange en deux.

7 Trace de petits triangles à partir du bord plié de la feuille.

8 Découpe les becs.

9 Colle le bec.

10 Colle deux yeux mobiles.

11 Réalise un trou au sommet de la poule à l'aide d'un cutter.

12 Glisse une petite plume dans le trou.

LES ASTUCES DE LA MAÎTRESSE

Vous pouvez utiliser un stylo afin de percer le sommet de la poule. Cela permettra à votre enfant de percer lui-même le sommet de la poule.

AIDE DE L'ADULTE

Pour la réalisation de l'étape 11.

LE LIVRE DES
COULEURS

LIVRE DES COULEURS

Dans le système de synthèse des couleurs, le jaune, le rouge et le bleu sont les trois couleurs primaires. À partir de ces trois couleurs, on peut fabriquer les couleurs secondaires : vert, orange et violet. Alors sortez votre peinture et vos pinceaux afin de découvrir les mélanges de couleurs !

MATÉRIEL

- 2 feuilles A4 de papier blanc (120 g minimum)
- Peinture rouge, bleu, jaune (gouache ou acrylique)
- Crayon à papier
- Feutre fin noir
- Bol
- Paire de ciseaux
- Règle
- Gomme
- Pinceau
- Feutre épais noir

COMPÉTENCES DÉVELOPPÉES

☑ **Motricité fine** :
- application de la peinture,
- phase de découpage.

☑ **Sciences** : expérimentation des mélanges de couleurs.

☑ **Écriture** : écriture des couleurs.

PLUS FACILE

Vous pouvez tracer et découper le livre au préalable afin de conserver l'attention de votre enfant lors de la suite de l'activité.

1 Superpose deux feuilles de papier blanc, puis plie-les en deux pour former un livre.

2 À l'aide d'un bol, trace un cercle touchant le bord plié de la feuille.

3 Découpe le disque pour obtenir un livre de huit pages de forme ronde.

4 À la règle, trace une ligne sur le haut de chaque page intérieure.

5 Écris sur chaque page au feutre fin noir le nom d'une couleur que tu souhaites mélanger.

6 Gomme le crayon à papier une fois le feutre sec.

LES ASTUCES DE LA MAÎTRESSE

Adaptez la police d'écriture selon l'âge et les compétences de votre enfant :

Plus facile
Lettres capitales.

Plus difficile
Lettres cursives (en attaché).

7 Dépose la peinture au centre de chaque feuille.

8 Mélange les deux couleurs entre elles à l'aide du pinceau.

9 Réalise les trois mélanges possibles.

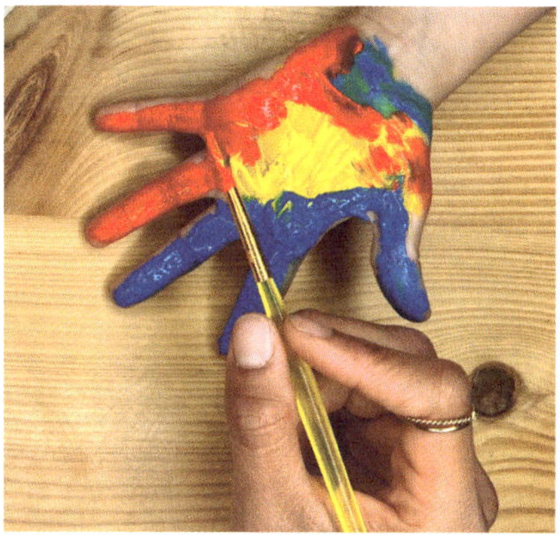

10 Peins ta main en jaune, rouge et bleu.

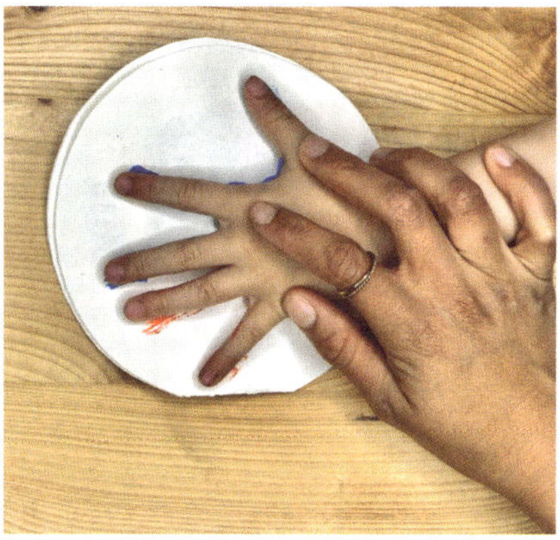

11 Dépose l'empreinte de ta main sur la couverture du livre.

12 Écris le titre du livre au feutre épais noir.

LES ASTUCES DE LA MAÎTRESSE

Laissez sécher en ouvrant le livre pour que les pages peintes ne se collent pas entre elles.

Rappel sur le mélange des couleurs :

bleu + jaune = vert

bleu + rouge = violet

jaune + rouge = orange

POUR ALLER PLUS LOIN

À la maison, vous pouvez raconter votre expérience et les mélanges obtenus en feuilletant le livre.

MOULIN À VENT

Une douce brise sur le visage ou un vent qui déménage, c'est toujours l'occasion de sortir un moulin à vent. Ce petit bricolage d'apparence très simple permet pourtant d'aborder un monde invisible : l'air.

MATÉRIEL

- Feuilles de papier coloré ou à motifs au format carré
- Ruban adhésif
- Ruban adhésif double face
- Punaise
- Pique à brochette
- Crayon à papier
- Règle
- Paire de ciseaux

COMPÉTENCES DÉVELOPPÉES

☑ **Motricité fine** :
• précision du geste lors du traçage des diagonales,
• précision du geste lors du découpage du papier.

☑ **Organisation et logique** : réalisation des étapes de fabrication dans un ordre précis.

Moulin à vent

LES ASTUCES DE LA MAÎTRESSE

Sélectionnez du papier à motifs ou du papier coloré pour un joli moulin à vent.

PLUS FACILE

Vous pouvez tracer et découper les triangles afin de conserver l'attention de votre enfant lors de la suite de l'activité.

1 Prépare quatre carrés de 15 x 15 cm.

2 Trace la diagonale de tous les carrés.

3 Coupe tous les carrés en deux triangles

4 Dépose un morceau de ruban adhésif sous le sommet d'un triangle.

5 Dépose un triangle par-dessus en le tournant de 90 degrés.

6 Dépose les triangles un à un en les tournant de 90 degrés à chaque fois.

7 Continue de déposer les triangles un à un en les tournant de 90 degrés à chaque fois.

8 Glisse le dernier triangle sous le premier.

9 Retourne les triangles et dépose un morceau de ruban adhésif double face au centre.

10 Un à un dans le sens des aiguilles d'une montre, rabats vers le centre chaque triangle.

11 Demande à ton parent d'enfoncer une punaise au centre du moulin à vent.

12 Ajoute une pique à brochette à l'arrière, dans laquelle planter la punaise.

LES ASTUCES DE LA MAÎTRESSE

Si vous n'avez pas de ruban adhésif double face, utilisez un morceau de ruban adhésif que vous enroulerez sur lui-même.

AIDE DE L'ADULTE

Pour la réalisation de l'étape 11.

N'enfoncez pas trop la punaise dans la pique à brochette, afin que le moulin puisse tourner facilement.

BELLES COCCINELLES

Il fait beau ! Qu'il est bon de prendre le temps d'observer les coccinelles, leurs ailes, leurs petits points… À peine en a-t-on une sur le doigt qu'elle s'envole déjà. Profitons de ce bel insecte pour travailler la numération et compter les jolis points qui ornent ses ailes.

1 Découpe de petites bandes de papier dans le papier à motifs.

2 Prends une feuille de papier vert uni et colle des bandes à motifs sur le bas de la celle-ci.

3 À l'aide d'un bouchon, dépose des traces de peinture rouge.

4 À l'aide d'un Coton-Tige et de peinture noire, trace la tête de la coccinelle.

5 À l'aide d'un Coton-Tige, trace une ligne séparant la coccinelle en deux.

6 De chaque côté de la coccinelle, dépose le même nombre de points.

MATÉRIEL

- Feuille A4 de papier vert (120 g minimum)
- Feuilles de papier vert à motifs
- Peintures noire et rouge (gouache ou acrylique)
- Coton-Tige
- Bouchon
- Colle en bâton ou liquide

COMPÉTENCES DÉVELOPPÉES

☑ **Motricité fine** :
- précision du geste lors de l'application de la peinture,
- précision du découpage,
- précision du collage.

☑ **Numération** : dépose de points sur les ailes des coccinelles (autant de chaque côté).

LES ASTUCES DE LA MAÎTRESSE

Pour cette étape qui travaille le « autant que », déposez des points d'un côté de la coccinelle, puis comptez-les ! Ensuite, déposez le même nombre de points de l'autre côté.

ARC-EN-CIEL FICELLE

Un petit peu de pluie et les arcs-en-ciel sont de sortie.
Symbole de chance, nous aimons tous les observer et croire
qu'à leur pied se trouve un trésor bien caché.
Avec un peu de laine, on peut fabriquer de jolies décorations
de chambre et s'entraîner à bouger nos petits doigts.

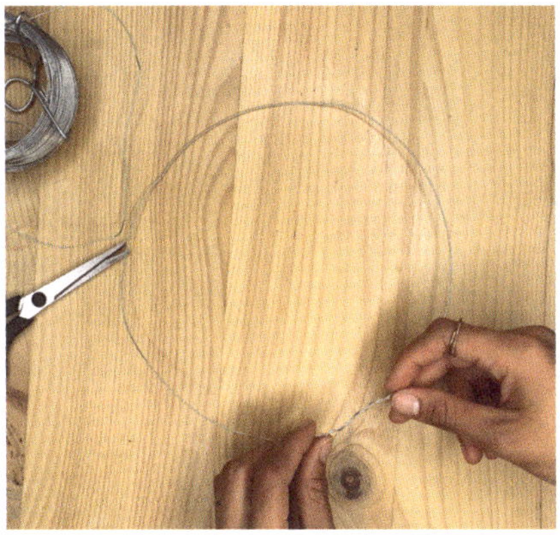

1 Coupe un morceau de fil de fer et enroule-le pour former un cercle.

2 Coupe trois morceaux de fil de fer : un petit, un moyen et un grand. Enroule-les autour du cercle pour former un arc-en-ciel.

3 Noue un brin de laine sur le cercle et enroule-le autour pour le cacher.

4 Noue un brin de laine d'une couleur différente sur chaque demi-cercle de l'arc-en-ciel.

5 Réalise des pompons comme pour l'activité « Joli pompons » p. 68 et noue-les sur le cercle.

6 Ajoute un brin de laine en haut du cercle pour l'accrocher.

MATÉRIEL

- Fil de fer
- Pince coupante
- Paire de ciseaux
- Laine de différentes couleurs

COMPÉTENCES DÉVELOPPÉES

Motricité fine : précision du geste lors de l'enroulage de la laine autour du fil de fer.

AIDE DE L'ADULTE

Pour la réalisation de l'étape 1.

PLUS FACILE

Vous pouvez couper le fil de fer et l'enrouler au préalable afin de conserver l'attention de votre enfant lors de l'activité.

LES ASTUCES DE LA MAÎTRESSE

Vous pouvez accrocher cette suspension dans la chambre de votre enfant.

Maman
JE
T

JE T'♥ MAMAN

Voici une carte à gratter et à offrir pour la fête des mères ! Oui, oui, je dis bien à gratter, comme les jeux à gratter. Saviez-vous qu'il est très facile de fabriquer une peinture à gratter, et ce, même à la maison ? On peut l'utiliser pour toutes sortes de jeux, mais ici ce sera pour dissimuler un message d'amour.

MATÉRIEL

- Feuille A4 de papier blanc (120 g minimum)
- Règle
- Crayon à papier
- Paire de ciseaux
- Feutre fin noir
- Gomme
- Peinture acrylique (couleurs au choix)
- Pinceau
- Liquide vaisselle
- Bougie

COMPÉTENCES DÉVELOPPÉES

☑ **Motricité fine** :
• précision du geste lors de l'application de la peinture,
• amélioration de la précision du découpage.

☑ **Écriture** : écriture des mots.

☑ **Graphisme** : réalisation de motifs graphiques pour décorer la carte.

LES ASTUCES DE LA MAÎTRESSE

N'hésitez pas à préparer la carte au préalable afin de conserver l'attention de votre enfant.

→

1 Trace un rectangle de 10 x 15 cm dans la feuille de papier blanc. Découpe-le et arrondis les angles.

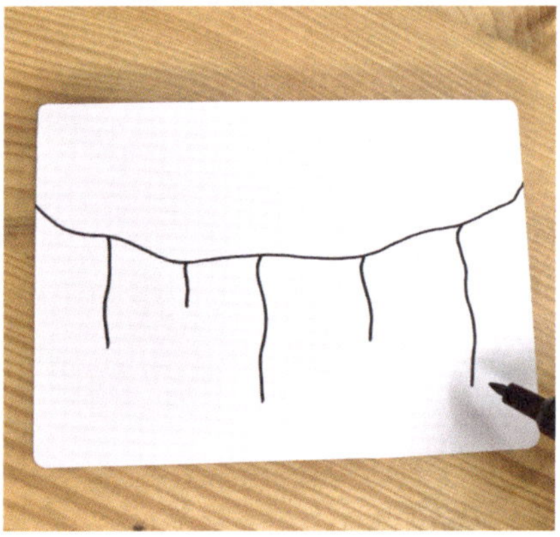

2 Au feutre fin noir, trace une ligne horizontale traversant la feuille et ajoute des lignes verticales.

3 Au-dessus de chaque ligne verticale, trace deux petits ponts pour former comme un nœud.

4 Au bout de chaque ligne verticale, trace un cœur.

Adaptez la police d'écriture selon l'âge et les compétences de votre enfant.

Plus facile : Lettres capitales.

Plus difficile : Lettres cursives (en attaché).

→

5 Au crayon à papier, trace une ligne sur le haut de la carte.

6 Écris le nom de la personne à qui tu souhaites offrir la carte.

7 Repasse le nom au feutre fin noir. Dans les cœurs, écris « Je », « t' », « ♥ »

8 Gomme les traces de crayon à papier.

9 Frotte la cire d'une bougie sur chaque cœur pour former une couche imperméable.

10 Au feutre fin noir, trace de petits cœurs sur la carte pour obtenir une peinture à gratter.

11 Mélange deux gouttes de peinture acrylique avec une goutte de liquide vaisselle pour obtenir une peinture à gratter.

12 Recouvre chaque cœur avec le mélange de peinture à gratter de la couleur de ton choix.

ASTUCE MATÉRIEL

Si vous n'avez pas de bougie à la maison, il est possible de déposer un morceau de ruban adhésif sur la zone à recouvrir de peinture à gratter.

LES ASTUCES DE LA MAÎTRESSE

Pour faire apparaître le message, grattez la peinture avec une pièce !

SUCETTES AU CHOCOLAT

Réaliser et déguster ses propres sucettes au chocolat, n'est-ce pas le rêve de tous les enfants ? Rien de bien compliqué, il suffit de sortir le chocolat restant dans le fond du placard et toutes les décorations de gâteaux pour obtenir de belles sucettes colorées !

MATÉRIEL

- 250 g de chocolat noir (ou un mélange chocolat noir-chocolat au lait si vous préférez)
- Casserole ou bol
- Cuillère
- Bâtonnets
- Vermicelles de sucre, petits bonbons
- Emporte-pièces de diverses formes
- Papier sulfurisé

COMPÉTENCES DÉVELOPPÉES

☑ **Motricité fine** :
• phase de décoration des sucettes,
• remplissage des emporte-pièces au chocolat.

☑ **Organisation et logique** : réalisation des étapes de fabrication dans un ordre précis.

Sucettes au chocolat

1 Prépare une casserole ou un bol.

2 Casse le chocolat en morceaux.

3 Fais fondre le chocolat au bain-marie ou au micro-ondes.

4 Déroule une feuille de papier sulfurisé.

5 Place un bâtonnet sur la feuille de papier sulfurisé.

6 Place un emporte-pièce sur le bâtonnet.

AIDE DE L'ADULTE

Pour la réalisation de l'étape 3.

Attention à ne pas mettre de récipient métallique au micro-ondes !

ASTUCE MATÉRIEL

Utilisez des bâtonnets plats plutôt que des piques à brochettes, car ces derniers roulent.

7 Verse du chocolat dans l'emporte-pièce.

8 Réalise d'autres sucettes de tailles et formes diverses.

9 Décore les sucettes à l'aide de petits bonbons.

10 Ajoute des vermicelles.

11 Laisse refroidir les sucettes dans un endroit frais et sec.

12 Démoule les sucettes une fois le chocolat durci.

LES ASTUCES DE LA MAÎTRESSE

Faites compter à votre enfant les cuillères de chocolat qu'il verse. Cela lui permettra d'associer la quantité au nombre.

POUR ALLER PLUS LOIN

Vous pouvez réaliser des sucettes au chocolat avec plusieurs chocolats : chocolat noir, au lait ou blanc. Vous pouvez même mélanger deux chocolats au sein d'une même sucette.

ACTIVITÉS EN EXTÉRIEUR

- **Du land art sur le sable de la plage.** D'abord une étoile de mer, puis un dauphin ou un magnifique mandala géant que vous pourrez agrémenter de coquillages !
- **Les soirées festives à écouter la musique dans la rue.** L'été, c'est aussi le retour des festivals et des déambulations de rue, alors pensez à vérifier l'agenda de votre ville pour en profiter en famille.
- **Les randonnées à la fraîche sont les meilleures.** Alors courage, préparez votre pique-nique la veille au soir et n'hésitez pas à sortir tôt pour profiter des températures plus clémentes du matin. Le petit plus est de trouver une randonnée autour d'un point d'eau : lac, rivière, gorges… Cela vous permettra de vous rafraîchir.
- **S'allonger dans l'herbe et regarder les nuages passer.** Rien de plus simple et de plus apaisant. On peut même s'amuser à voir des formes dans les nuages !
- **La chasse aux petites bêtes.** Une épuisette, une loupe et c'est parti pour chercher et observer les petites bêtes. On pensera à ne pas leur faire de mal et à les relâcher avant de rentrer. On peut même emporter des feuilles pour les dessiner sur place !

ÉTÉ

Les longues journées ensoleillées, les soirées douces accompagnées du chant des grillons, l'odeur du barbecue ou le meuglement des vaches : on y est, c'est l'été ! À présent, aucune excuse pour ne pas profiter des extérieurs tant ils sont accueillants et agréables. Terminer sa journée par une balade sous les doux rayons du coucher du soleil et passer ses soirées autour d'un bon barbecue sont les immanquables de la saison !

BÂTON DE PLUIE

À travers le monde, le 21 juin, est célébrée la fête de la Musique. Concerts et festivals de rue sont organisés pour le plaisir des oreilles des petits comme des grands. Écouter, c'est bien, mais jouer, c'est encore mieux ! Alors voici comment fabriquer très simplement à la maison un joli bâton de pluie.

MATÉRIEL

- Rouleau en carton
- Masking tape
- Feutres de différentes couleurs
- 2 ballons
- Papier d'aluminium
- Cuillère
- 3 cuillères à soupe de riz
- Paire de ciseaux

COMPÉTENCES DÉVELOPPÉES

☑ **Motricité fine** :
• précision du geste lors du placement du masking tape,
• précision du geste lors de l'installation du ballon.

☑ **Graphisme** : décoration du bâton de pluie au feutre.

Bâton de pluie

ASTUCE MATÉRIEL

Utilisez un tube en plastique ou en carton rigide. Les rouleaux d'essuie-tout ne sont pas assez fermes.

LES ASTUCES DE LA MAÎTRESSE

Il est important de laisser votre enfant réaliser ces étapes car elles musclent ses petits doigts et les préparent aux activités d'écriture.

1 Prends un rouleau en carton rigide.

2 Coupe la base des ballons.

3 Prends une feuille de papier d'aluminium.

4 Enroule le papier d'aluminium pour former une tige.

5 Roule la tige comme un ressort

6 Place un ballon autour d'un côté du rouleau afin de le fermer.

7 Insère le ressort d'aluminium dans le rouleau.

8 Verse le riz dans le rouleau.

9 Referme le rouleau à l'aide du second ballon.

10 À l'aide de masking tape, colle le bord du ballon sur le rouleau.

11 Décore le rouleau avec du masking tape.

12 Décore le rouleau avec des feutres.

LES ASTUCES DE LA MAÎTRESSE

Vous pouvez utiliser des graines de diverses tailles ou nature pour changer le son du bâton de pluie : riz, lentilles, pâtes…

ASTUCE MATÉRIEL

Si vous n'avez pas de masking tape à la maison, du scotch fera l'affaire.

POUR ALLER PLUS LOIN

Le bâton de pluie est parfois utilisé dans les classe de maternelle comme signal pour ranger le matériel. Et si vous faisiez pareil à la maison ?

SERRÉS COMME DES SARDINES

Mesurant tout au plus une vingtaine de centimètres, dotée d'un ventre argenté et d'un dos bleuté, la sardine est un poisson bien connu de nos côtes. Ici, les sardines sont l'occasion parfaite de mener une activité de peinture et de graphisme. Alors rangez vos cannes à pêche et vos épuisettes, et sortez papiers et gouaches !

1 Prépare une feuille de papier blanc.

2 Dépose des points de peinture de différentes couleurs sur la feuille de façon horizontale.

3 À l'aide d'une règle ou d'une feuille de papier pliée, étale la peinture de haut en bas.

4 Laisse sécher la peinture.

5 Au feutre doré et au feutre noir, décore chaque poisson avec un motif différent.

6 Dessine une bouche et un œil pour chaque sardine.

MATÉRIEL

- Feuille A4 de papier blanc (120 g minimum)
- Peinture de différentes couleurs (gouache ou acrylique)
- Feutre noir
- Feutre doré
- Règle ou papier épais

COMPÉTENCES DÉVELOPPÉES

☑ **Motricité fine** : précision du geste lors de l'application de la peinture.

☑ **Graphisme** : réalisation de motifs graphiques pour décorer les sardines.

ASTUCE MATÉRIEL

Prenez du papier épais pour qu'il ne gondole pas après application de la peinture.

LES ASTUCES DE LA MAÎTRESSE

Choisissez avec votre enfant les motifs afin de décorer chaque sardine.

BRACELET D'AMOUR

Vous connaissez sûrement les bracelets de l'amitié ou les bracelets pour faire un vœu. Ici je vous propose un bracelet à tisser soi-même et à offrir pour la fête des pères. Un cadeau fait avec ses petites mains qui va certainement donner envie à votre enfant de fabriquer une multitude de bracelets pour toute la famille.

MATÉRIEL

- Fil de coton ou laine
- Morceau de carton
- Couvercle de pot de confiture
- Feutre fin noir
- Règle
- Paire de ciseaux
- Stylo

COMPÉTENCES DÉVELOPPÉES

☑ **Repérage dans l'espace** : disposition des fils dans un sens précis afin de former le bracelet.

☑ **Motricité fine** : précision du geste lors de la phase de tressage.

★★ Bracelet d'amour

PLUS FACILE

Vous pouvez tracer et découper le support de tissage au préalable afin de conserver l'attention de votre enfant lors de la suite de l'activité.

AIDE DE L'ADULTE

Pour la réalisation de l'étape ❷.

ASTUCE MATÉRIEL

Vous pouvez choisir un fil de laine qui est plus épais que le fil de coton, le bracelet sera plus rapidement terminé.

❶ À l'aide d'un couvercle, trace un cercle sur un morceau de carton.

❷ Avec la règle et le feutre noir, trace quatre lignes afin de couper le cercle en huit parts égales.

❸ Découpe le disque de carton.

❹ Sur chaque ligne de feutre, coupe le carton sur 1 cm.

❺ À l'aide de la pointe d'un stylo, perfore le centre du cercle.

❻ Noue sept fils de coton entre eux.

7 Insère les fils noués au centre du disque.

8 Insère un fil dans chaque fente de carton sauf dans la fente du dessus.

9 À partir de la fente du dessus, compte trois fils en dessous à droite, prends le fil et insère-le dans la fente du dessus.

10 Fais tourner le disque pour mettre la fente vide de fil en haut. Recompte trois fils en dessous à droite et fais passer le fil en haut.

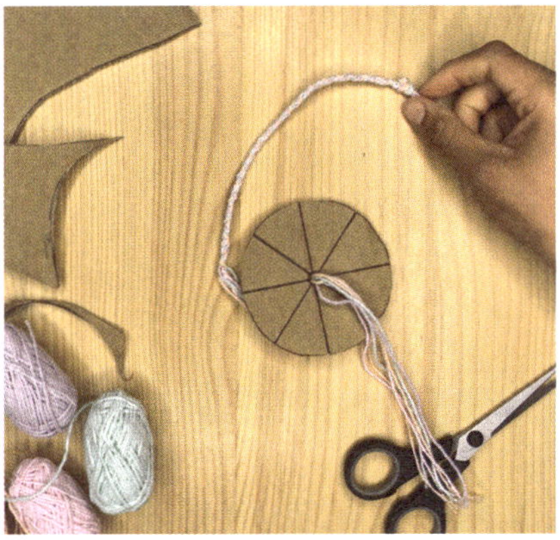

11 Une fois le bracelet suffisamment long, retire les fils du carton.

12 Noue le bracelet au bout du tissage pour qu'il ne s'abîme pas.

LES ASTUCES DE LA MAÎTRESSE

Entraînez-vous avec votre enfant à compter les trois fils en bas à droite. Une fois qu'il parvient à répéter l'opération sans se tromper, il peut continuer seul.

←

Nouez le bracelet au bras du papa lorsque vous lui offrirez. Ainsi, il sera à la bonne taille.

←

JOLIES FLEURS

Le printemps est là, c'est le retour à la vie dans nos jardins. Les premiers bourgeons pointent le bout de leur nez, les insectes s'affairent auprès des belles fleurs : les beaux jours sont de retour. Avec cette activité florale, il n'y a qu'à sortir vos papiers !

1 Trace des cercles sur du papier coloré à l'aide de trois couvercles : petit, moyen et grand.

2 Découpe les disques de papier.

3 Colle les disques de papier du plus grand au plus petit en alternant les couleurs.

4 Trace des ponts sur les deux disques extérieurs pour faire les pétales.

5 Colle des strass au centre de la fleur.

6 Retourne les fleurs et colle à l'arrière des pailles colorées.

MATÉRIEL

- Feuilles de papier coloré au choix
- Feutres de différentes couleurs
- Couvercles de pots de diverses tailles : petit, moyen et grand
- Crayon à papier
- Colle en bâton ou liquide
- Paire de ciseaux
- Strass
- Pailles colorées

COMPÉTENCES DÉVELOPPÉES

☑ **Motricité fine** :
• précision du geste lors du traçage des cercles,
• amélioration de la précision du découpage,
• amélioration de la précision du collage.

☑ **Graphisme** : réalisation du motif graphique pont pour décorer les fleurs.

☑ **Géométrie** : travailler la notion de grandeur en superposant les disques du plus grand au plus petit.

LES ASTUCES DE LA MAÎTRESSE

Superposez les disques sans les coller au préalable pour pouvoir se tromper et recommencer.

ARÊTES DU POISSON

Petit poisson qui fait des bulles au fond de l'eau… Les poissons ont quelque chose d'exotique, de merveilleux ; leurs couleurs et leurs ondulations dans l'eau rendent leur observation toujours fascinante et agréable. C'est en fabriquant ce joli poisson tout en arêtes que vous allez pouvoir évoquer avec votre enfant ce qu'est le squelette.

MATÉRIEL

- Feuille A4 de papier coloré (120 g minimum)
- Pailles colorées
- Paire de ciseaux
- Œil mobile
- 2 bâtonnets
- Colle liquide
- Strass ou gommettes
- Feutre noir
- Crayon à papier

COMPÉTENCES DÉVELOPPÉES

☑ **Motricité fine** :
• précision du geste lors du découpage des pailles,
• précision du geste lors de la phase de collage.

☑ **Géométrie** : travail sur la notion de grandeur en rangeant les pailles dans l'ordre croissant de longueur.

Arêtes du poisson

PLUS FACILE

Triez avant la phase de collage, en mettant à disposition de votre enfant le nombre exact de pailles nécessaires.

PLUS DIFFICILE

Laissez toutes les pailles découpées à disposition.

1 Découpe des pailles pour obtenir plusieurs longueurs.

2 Prends deux bâtonnets.

3 Dépose de la colle sur la moitié d'un bâtonnet.

4 Colle les bâtonnets l'un sur l'autre.

5 Sur une feuille de papier coloré, dessine la tête et la nageoire caudale (queue).

6 Découpe la tête et la nageoire caudale.

7 Colle la tête sur l'extrémité du bâtonnet.

8 Colle la nageoire caudale sur l'autre extrémité du bâtonnet.

9 Dépose de la colle sur le bâtonnet.

10 Colle les pailles, de la plus grande à la plus petite.

11 Décore la nageoire à l'aide de strass ou de gommettes.

12 Colle un œil mobile et trace la bouche au feutre.

LES ASTUCES DE LA MAÎTRESSE

Ordonnez les pailles du plus grand au plus petit sur la table avant de les coller sur le poisson. Cela permettra à votre enfant d'essayer, se tromper et recommencer à volonté.

ASTUCE MATÉRIEL

Si vous n'avez pas d'œil mobile, vous pouvez le tracer sur une feuille, puis le découper et le coller.

GRENOUILLE À GRANDE BOUCHE

La fameuse grenouille à grande bouche fait ici son apparition pour gober le plus de mouches possible ! Sous forme de bilboquet, cette grenouille est un jeu parfait pour entraîner la coordination œil-main chez l'enfant. Alors préparez-vous à gober des mouches !

MATÉRIEL

- Rouleau de papier toilette
- Peinture rouge, vert foncé et vert clair
- Colle en bâton ou liquide
- Feuille de papier blanc (120 g minimum)
- Pinceau
- Ficelle rouge
- Crayon à papier
- Paire de ciseaux
- Coton-Tige
- 2 pinces à linge
- 2 yeux mobiles
- Feutres noir et rouge

COMPÉTENCES DÉVELOPPÉES

☑ **Motricité fine** :
- précision du geste lors du découpage des parties de la grenouille,
- précision du geste lors de la phase de collage,
- en jouant au bilboquet avec la grenouille et sa mouche.

LES ASTUCES DE LA MAÎTRESSE

Pensez à protéger votre espace de travail à l'aide d'une nappe ou de journaux. Pour votre enfant, utilisez une blouse ou un vieux t-shirt.

→

PLUS FACILE

N'hésitez pas à tracer et découper les parties de la grenouille à la place de votre enfant si cette étape est trop complexe pour lui.

→

1 Prends un rouleau de papier toilette.

2 Peins l'intérieur en rouge et l'extérieur en vert foncé.

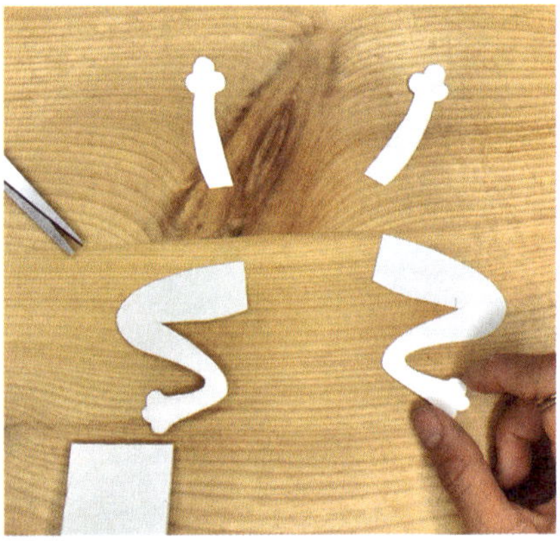

3 Sur une feuille de papier blanc, trace puis découpe quatre pattes.

4 Peins les pattes en vert foncé des deux côtés.

5 À l'aide d'un Coton-Tige, dépose des points de peinture vert clair sur le bas du rouleau.

6 À l'aide d'un Coton-Tige, dépose des points de peinture vert clair sur les pattes arrière.

7 Dépose de la colle sur le bas du rouleau, à l'intérieur.

8 Referme le rouleau et ajoute des pinces à linge afin de le maintenir.

9 Colle les pattes.

10 Sur le morceau restant de feuille blanche, dessine une mouche en traçant bien les stries des ailes, puis découpe-la.

11 Coupe un morceau de ficelle rouge, colle un bout à l'intérieur de la grenouille et l'autre à l'arrière de la mouche.

12 Colle deux yeux mobiles.

ASTUCE MATÉRIEL

Si vous n'avez pas d'yeux mobiles, vous pouvez en dessiner sur une feuille de papier blanc, les découper puis les coller.

LES ASTUCES DE LA MAÎTRESSE

Lorsque la grenouille à grande bouche est prête, vous pouvez expliquer à votre enfant comment l'utiliser comme un bilboquet, en faisant attraper à la grenouille la mouche dans sa bouche.

SABLE LUNAIRE

Le sable lunaire est un sable artificiel, qui peut être préparé à la maison pour pouvoir fabriquer de beaux châteaux à tout moment ! Cette matière toute douce permet de créer toutes sortes de formes, comme du vrai sable mouillé – et pourtant il n'y a pas besoin d'eau. Sortez votre pelle et votre seau, on va construire un château !

1 Dans un saladier, verse la farine.

2 Ajoute l'huile.

3 Mélange jusqu'à obtenir un mélange homogène.

4 Place une partie du sable lunaire dans un sachet plastique et conserve une partie à colorer.

5 Râpe une craie de couleur et mélange.

6 Fabrique plusieurs couleurs de sable lunaire.

MATÉRIEL

- Saladier
- Tasse
- 7 tasses de farine
- 1 tasse d'huile
- Râpe
- Craies de différentes couleurs
- Sachets plastique
- Cuillère

COMPÉTENCES DÉVELOPPÉES

☑ **Motricité fine** :
- précision du geste lors de l'ajout d'ingrédients,
- précision du geste lors du mélange des ingrédients.

☑ **Organisation et logique** : réalisation des étapes de fabrication dans un ordre précis.

LES ASTUCES DE LA MAÎTRESSE

Si vous n'avez pas de craie pour colorer le sable, n'utilisez surtout pas de colorant liquide. Cela ne fonctionne pas bien et mouillera votre sable.

ASTUCE MATÉRIEL

Le sable peut être conservé plusieurs semaines s'il est maintenu dans un endroit frais et sec, dans un sachet fermé hermétiquement.

PAPILLON VOLANT

Comme les papillons sont beaux ! Observer leur vol et la délicatesse de leurs ailes n'est pas chose aisée. Cette activité nous permet non seulement d'obtenir un magnifique papillon volant, mais en plus de travailler la symétrie.

MATÉRIEL

- Feuille A4 de papier coloré (couleurs au choix)
- Peinture de différentes couleurs
- Feutre noir
- Paire de ciseaux
- Colle en bâton ou liquide
- Pique à brochette

COMPÉTENCES DÉVELOPPÉES

☑ **Motricité fine** :
- précision du geste lors de la phase de traçage et de découpage du papillon,
- précision du geste lors de la phase de dépose de gouttes de peinture.

☑ **Géométrie** : observation de la symétrie dans les ailes du papillon.

Papillon volant

PLUS FACILE

Vous pouvez tracer et découper le papillon au préalable afin de conserver l'attention de votre enfant lors de l'activité.

→

LES ASTUCES DE LA MAÎTRESSE

Vous pouvez utiliser des couleurs primaires qui, en se mélangeant, vont en fabriquer d'autres : le bleu avec le rouge donnent du violet.

→

Demandez à votre enfant de vous dire la couleur obtenue avant d'ouvrir les ailes du papillon.

→

1 Prends une feuille de papier coloré.

2 Plie-la en deux.

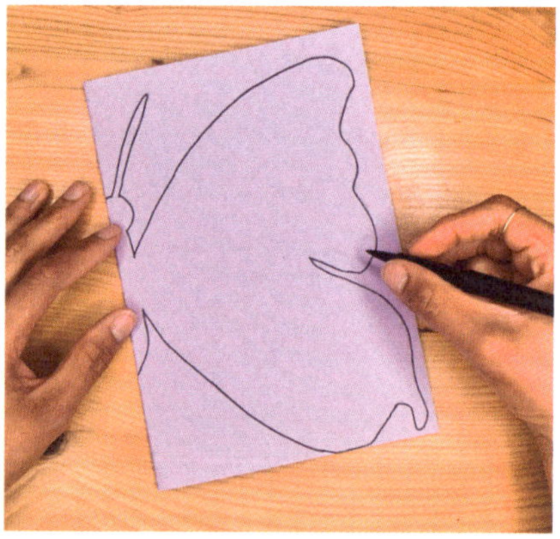

3 Dessine la moitié d'un papillon au feutre noir, le corps du côté de la pliure de la feuille.

4 Dépose des gouttes de peinture à l'intérieur de la feuille, sur un seul côté.

5 Plie la feuille.

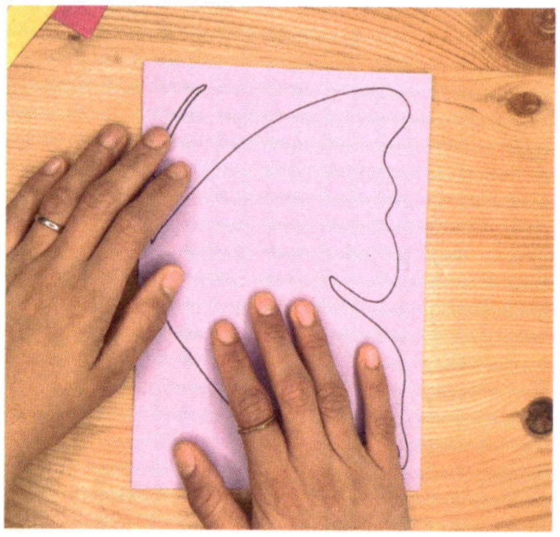

6 Appuie afin d'étaler la peinture.

7 Ouvre la feuille.

8 Laisse sécher.

9 Une fois la peinture sèche, plie la feuille et découpe le papillon.

10 Ouvre le papillon.

11 Retourne le papillon, dépose de la colle le long du corps.

12 Déposes-y une pique à brochette.

LES ASTUCES DE LA MAÎTRESSE

Observez la symétrie de la peinture lors de l'ouverture. Pointez une tache d'un côté et demandez à votre enfant de trouver la même de l'autre côté.

PLUS FACILE

Découpez à la place de votre enfant si cela est trop complexe pour lui.

POUR ALLER PLUS LOIN

Vous pouvez réaliser plusieurs papillons de tailles et formes diverses pour décorer le jardin ou simplement les faire voler.

CAILLOUX À HISTOIRES

Raconte-moi une histoire ! C'est une phrase qu'on entend au moins une fois par jour au moment du coucher. Ce qui peut être amusant, c'est de demander à son enfant de nous raconter une histoire. Bien souvent, c'est compliqué pour eux les premières fois. Alors voici un moyen de les aider à raconter de petites histoires avec de jolis cailloux.

1 Ramasse des galets.

2 Nettoie-les.

3 À l'aide des feutres, dessine sur chaque face des galets, un objet ou un personnage.

4 À l'aide des feutres, ajoute des détails.

5 Au feutre fin noir, repasse le contour de chaque dessin.

6 Choisis trois galets et essaie de raconter une histoire avec les objets ou personnages qu'ils représentent.

MATÉRIEL

- Galets
- Feutres acryliques
- Feutre fin noir

COMPÉTENCES DÉVELOPPÉES

☑ **Graphisme** : dessin précis sur chaque galet.

☑ **Langage** : invention de petites histoires.

ASTUCE MATÉRIEL

Vous pouvez trouver des galets sur certaines plages ou dans les magasins de bricolage et de décoration.

LES ASTUCES DE LA MAÎTRESSE

Au départ, votre enfant essaiera de faire une courte phrase avec les trois objets piochés. Aidez-le à étoffer son langage et petit à petit, inventez ensemble une courte histoire.

LIBELLULE À PERLES

En balade autour des étangs ou d'un lac, les libellules nous surprennent toujours avec leurs jolies couleurs et le reflet du soleil sur leur belles ailes.
Ici, ce sont de magnifiques libellules que nous allons fabriquer afin de travailler les suites logiques : en d'autres termes, les algorithmes.

MATÉRIEL

- 2 bâtonnets
- Feutres de différentes couleurs
- Feutre fin noir
- Colle liquide
- Perle en bois
- Chenille
- Perles colorées

COMPÉTENCES DÉVELOPPÉES

☑ **Motricité fine** : précision du geste lors de l'assemblage de la libellule avec la chenille.

☑ **Algorithme** : enchaînement régulier d'une suite d'opérations.

LES ASTUCES DE LA MAÎTRESSE

Lors du coloriage des bâtonnets, vérifiez la prise en main du feutre.

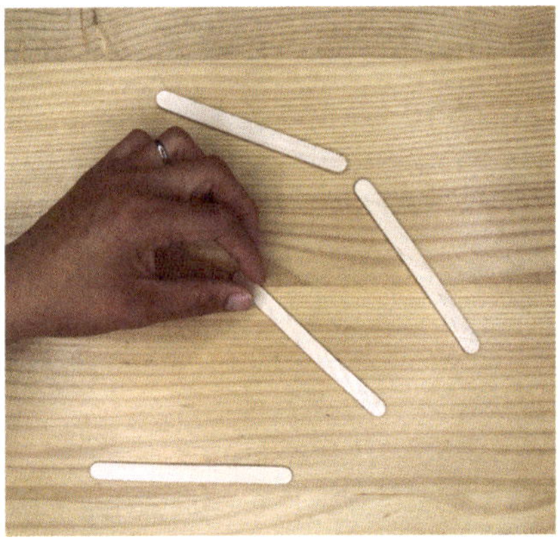

1 Prends deux bâtonnets.

2 Colorie les bâtonnets au feutre avec les motifs de ton choix.

3 Colle les bâtonnets l'un sur l'autre pour former un X.

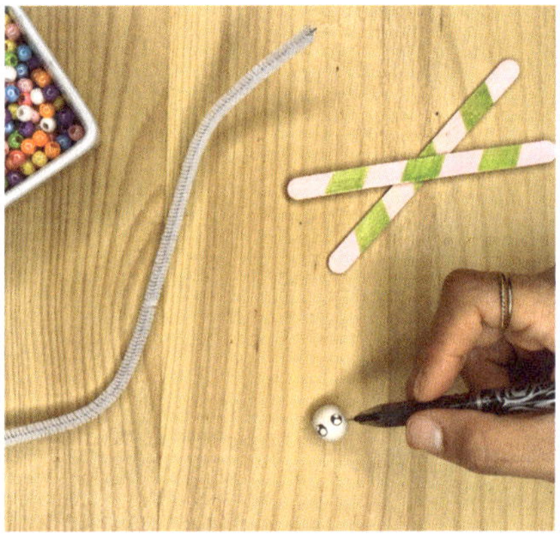

4 Sur la perle en bois, dessine des yeux au feutre fin noir.

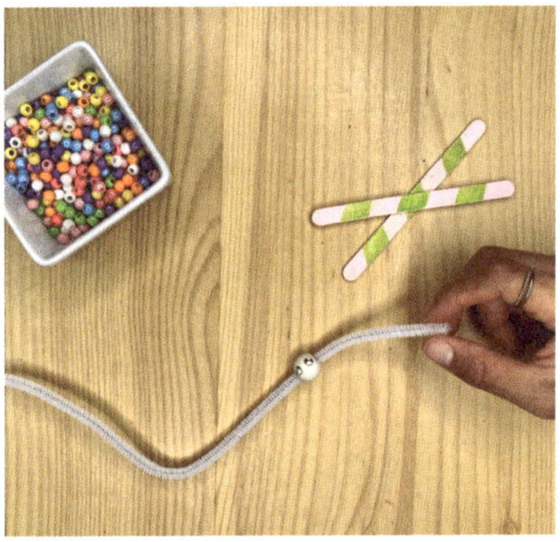

5 Fais passer la perle en bois sur la chenille et laisse 10 cm sur un côté.

6 Enroule les fils de la chenille autour de la tête pour la bloquer.

7 Glisse les ailes en bâtonnets entre les deux fils de chenille.

8 Enroule les fils de chenille afin de bloquer les ailes

9 Insère des perles sur le fil de chenille, répète un motif coloré.

10 Enroule le reste de chenille pour former deux boucles et empêcher les perles de glisser.

LES ASTUCES DE LA MAÎTRESSE

Selon l'âge de l'enfant et ses compétences, le choix du motif de perles doit être adapté.

PLUS FACILE

Alternez deux couleurs, par exemple : rose-bleu-rose-bleu.

PLUS DIFFICILE

Alternez trois couleurs (jaune-orange-bleu) ou doublez les perles pour certaines couleurs (blanc-blanc-jaune).

LES ASTUCES DE LA MAÎTRESSE

Vous pouvez dire à votre enfant que vous faites une petite musique avec les perles : blanc, blanc, rose, rose, vert, vert, blanc…

CRABE SUR LE SABLE

Quand le mercure s'affole, un petit tour à la mer pour se rafraîchir et ramasser des coquillages s'impose. Toutefois, sans même vous déplacer, vous pouvez réaliser ce petit crabe sur le sable pour vous sentir comme à la mer !

MATÉRIEL

- Feuille A4 de papier bleu (120 g minimum)
- Feuille de papier orange
- Feuille de papier blanc
- Feuille de papier jaune
- Feuille de papier marron
- Crayon à papier
- Colle en bâton ou liquide
- Bol
- Couvercle de petit pot
- Paire de ciseaux
- Feutre noir

COMPÉTENCES DÉVELOPPÉES

☑ **Repérage dans l'espace** : disposition des formes dans un sens précis afin de former le crabe.

☑ **Motricité fine** :
• précision du geste lors du découpage,
• précision du geste lors de la phase de collage.

LES ASTUCES DE LA MAÎTRESSE

Plusieurs étapes de découpage vont suivre. Pour un découpage efficace, pensez à vérifier le placement des doigts de votre enfant sur la paire de ciseaux mais également sur la feuille.

PLUS FACILE

N'hésitez pas à tracer tous les disques et demi-disques au préalable, afin de conserver l'attention de votre enfant lors de l'activité.

1 Trace quatre cercles sur du papier orange à l'aide du petit couvercle de pot.

2 Découpe les quatre disques.

3 Trace deux cercles sur du papier blanc à l'aide du petit couvercle de pot.

4 Découpe les disques.

5 Trace un demi-cercle à l'aide d'un bol sur du papier orange.

6 Découpe le demi-disque.

7 Déchire des bandes de papier jaune et marron.

8 Sur une feuille de papier bleu, colle les bandes de papier déchiré pour représenter le sable.

9 Colle le demi-disque de papier orange pour représenter le corps du crabe.

10 Plie en deux les disques de papier orange et mets de la colle sur un seul des côtés.

11 Colle les disques de papier orange pour faire les pinces et les disques de papier blanc pour faire les yeux.

12 Au feutre noir, dessine les yeux, les pattes, les pinces et la bouche.

LES ASTUCES DE LA MAÎTRESSE

Pensez à ne sortir la colle qu'après avoir essayé d'assembler le crabe, pour que votre enfant puisse se tromper et recommencer facilement.

AVION EN PAPIER

L'art du pliage n'est pas aussi aisé qu'il y paraît. Les enfants se passionnent souvent pour les origamis, leur complexité et leur beauté. L'un des premiers pliages accessibles et qui fait son effet est celui de l'avion en papier. Qui n'a jamais eu un camarade de classe qui est arrivé un matin en disant : « Regarde, je sais faire des avions ! »

1 Plie une feuille en deux.

2 Rabats les deux coins pour former un grand triangle.

3 Rabats le sommet du triangle.

4 Plie en deux.

5 Plie chaque aile.

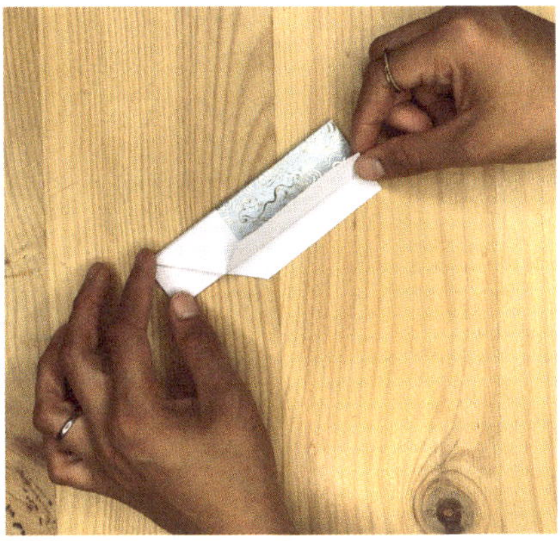

6 Rabats le bas des ailes pour les plier vers le haut.

MATÉRIEL

- Feuilles de papier carrées pour origami

COMPÉTENCES DÉVELOPPÉES

☑ **Motricité fine** : pliage du papier.

☑ **Science** : explication de la possibilité du vol de l'avion.

LES ASTUCES DE LA MAÎTRESSE

Les ateliers de pliage paraissent simples mais ne le sont pas pour les petits. Installez-vous aux côtés de votre enfant et réalisez le pliage en même temps que lui. Cela lui permettra d'observer et de copier vos gestes.

Maintenant vous êtes prêts pour une course d'avions !

MÉDUSE À RUBANS

La façon de se mouvoir des méduses dans l'eau a quelque chose d'hypnotisant, le déplacement de leurs tentacules et la transparence de leur corps nous fascinent toujours. Avec cette activité, vous profiterez du support de la méduse afin de s'entraîner à réaliser des nœuds. Un premier pas vers l'autonomie lorsque votre enfant porte des chaussures à lacets !

MATÉRIEL

- Assiette en carton
- Crayon à papier
- Paire de ciseaux
- Peinture violette
- Pinceau
- Perforatrice
- Rubans de diverses tailles et couleurs
- Feuille de papier blanc (120 g minimum)
- Couvercle de petit pot
- Feutre noir
- Colle en bâton ou liquide

COMPÉTENCES DÉVELOPPÉES

☑ **Motricité fine** :
• précision du geste lors de l'application de peinture,
• phase de découpage,
• phase de réalisation de nœuds.

☑ **Graphisme** : traçage d'une ligne de vagues.

Méduse à rubans

PLUS FACILE

Vous pouvez tracer et découper la méduse au préalable afin de conserver l'attention de votre enfant lors de l'activité.

LES ASTUCES DE LA MAÎTRESSE

Montrez à votre enfant comment nouer un ruban puis laissez-le s'exercer. Il est important de savoir réaliser un nœud simple pour apprendre à faire ses lacets seuls par la suite.

1 Au crayon à papier, trace une ligne ondulée sur une assiette en carton.

2 Découpe sur la ligne.

3 Peins la méduse en violet.

4 Perfore le bas de la méduse.

5 Découpe plusieurs rubans de couleurs et tailles diverses.

6 Dans chaque trou, fais passer un ruban et noue-le.

7 Sur une feuille de papier blanc, à l'aide d'un petit couvercle, trace deux cercles.

8 Découpe les deux disques de papier.

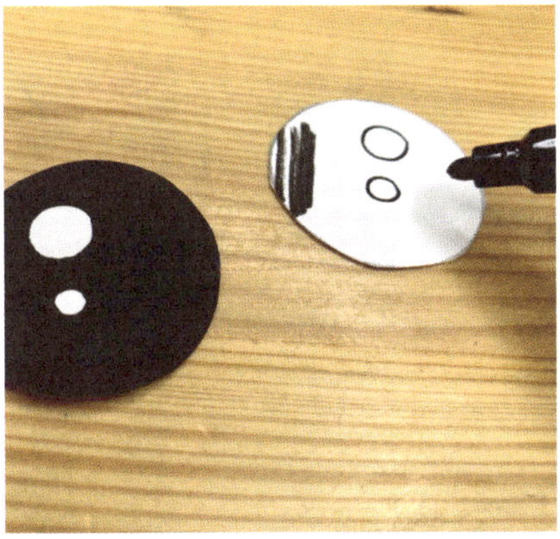

9 Dessine des yeux au feutre noir.

10 Colle les yeux sur la méduse.

PLUS FACILE

Aidez votre enfant à tracer et découper les yeux de la méduse.

GABARITS ET MODÈLES

Scannez le QR code pour télécharger tous les gabarits et modèles des ateliers.

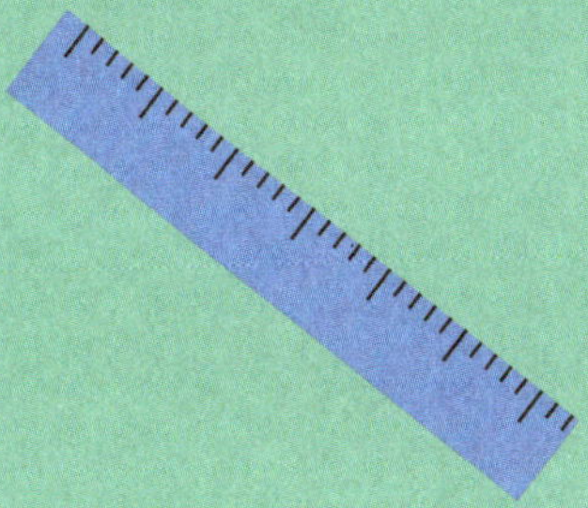

PIXEL ART / PAGE 52

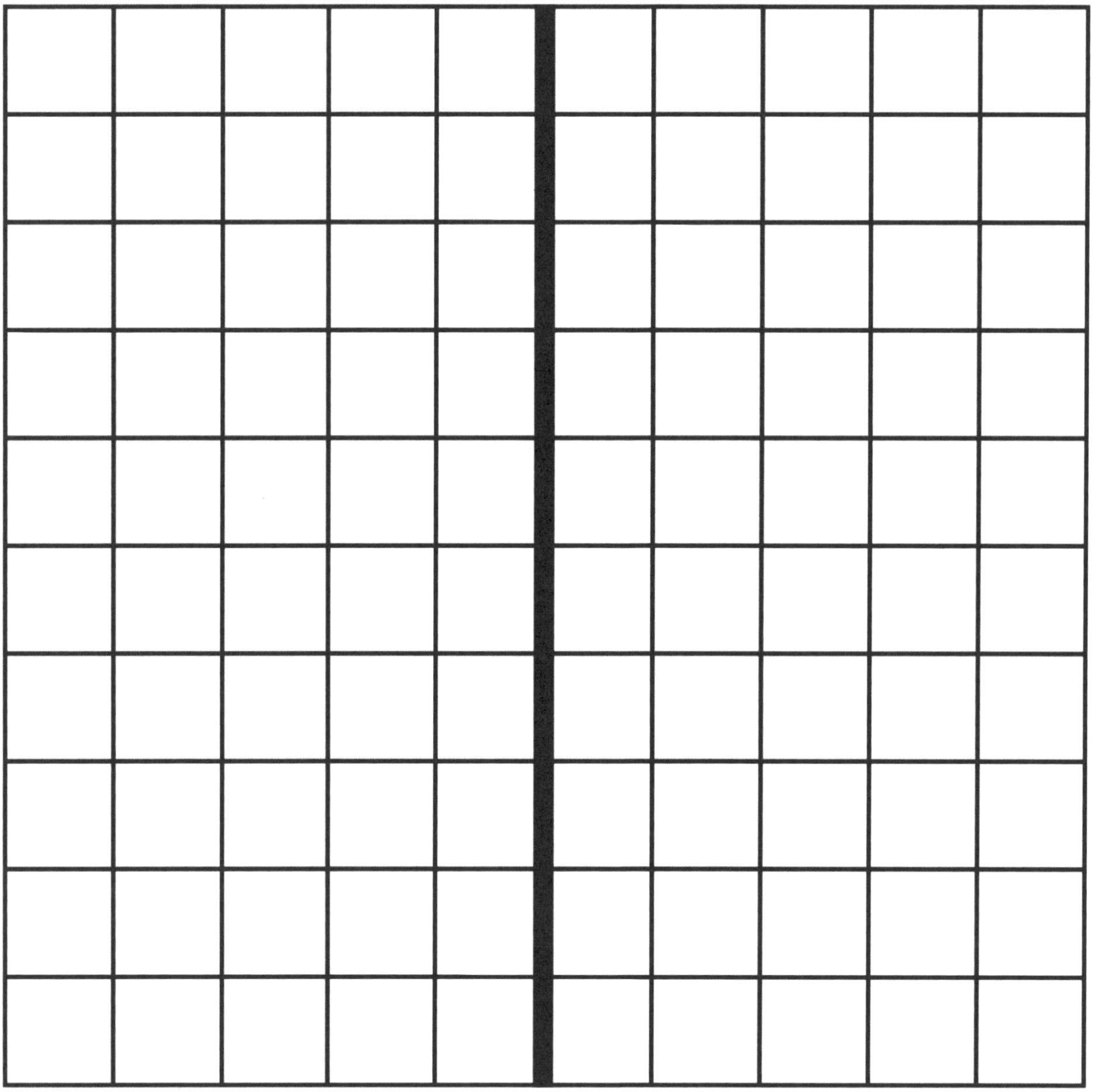

PIXEL ART / PAGE 52

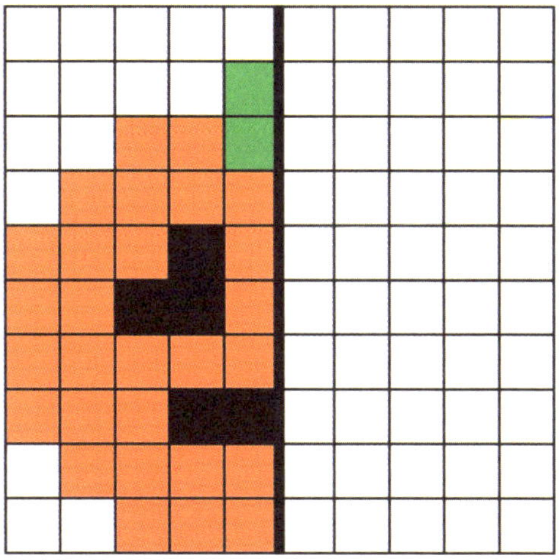

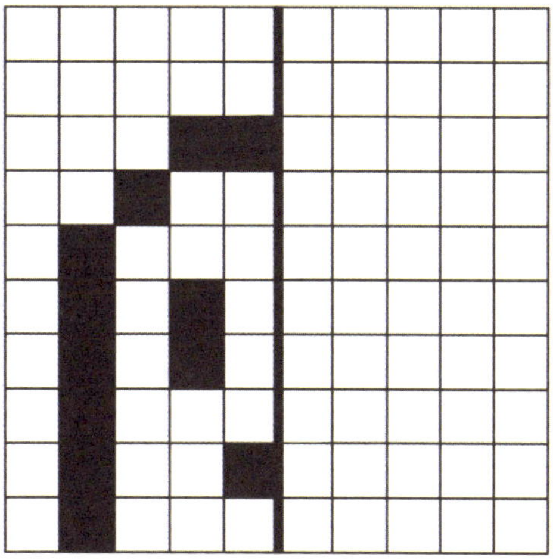

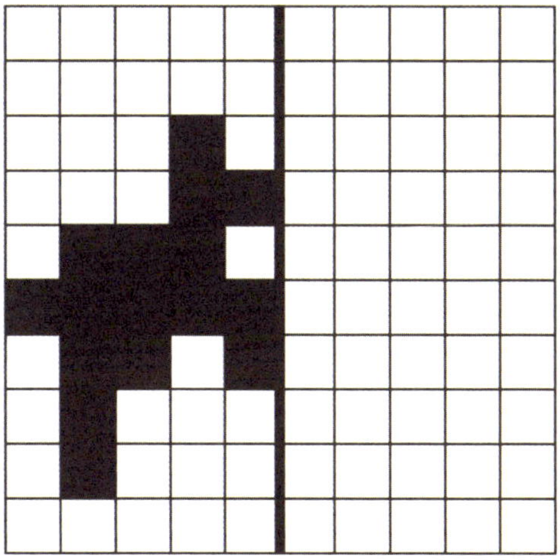

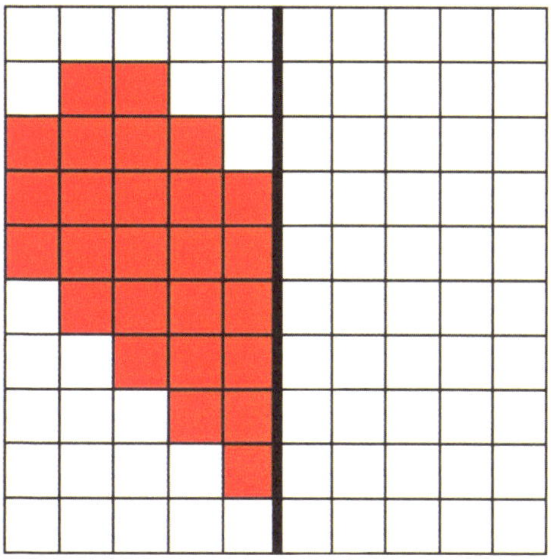

RENARD POILU / PAGE 58

COURONNE DE CHÂTEAU / PAGE 97

COURONNE DE CHÂTEAU / PAGE 97

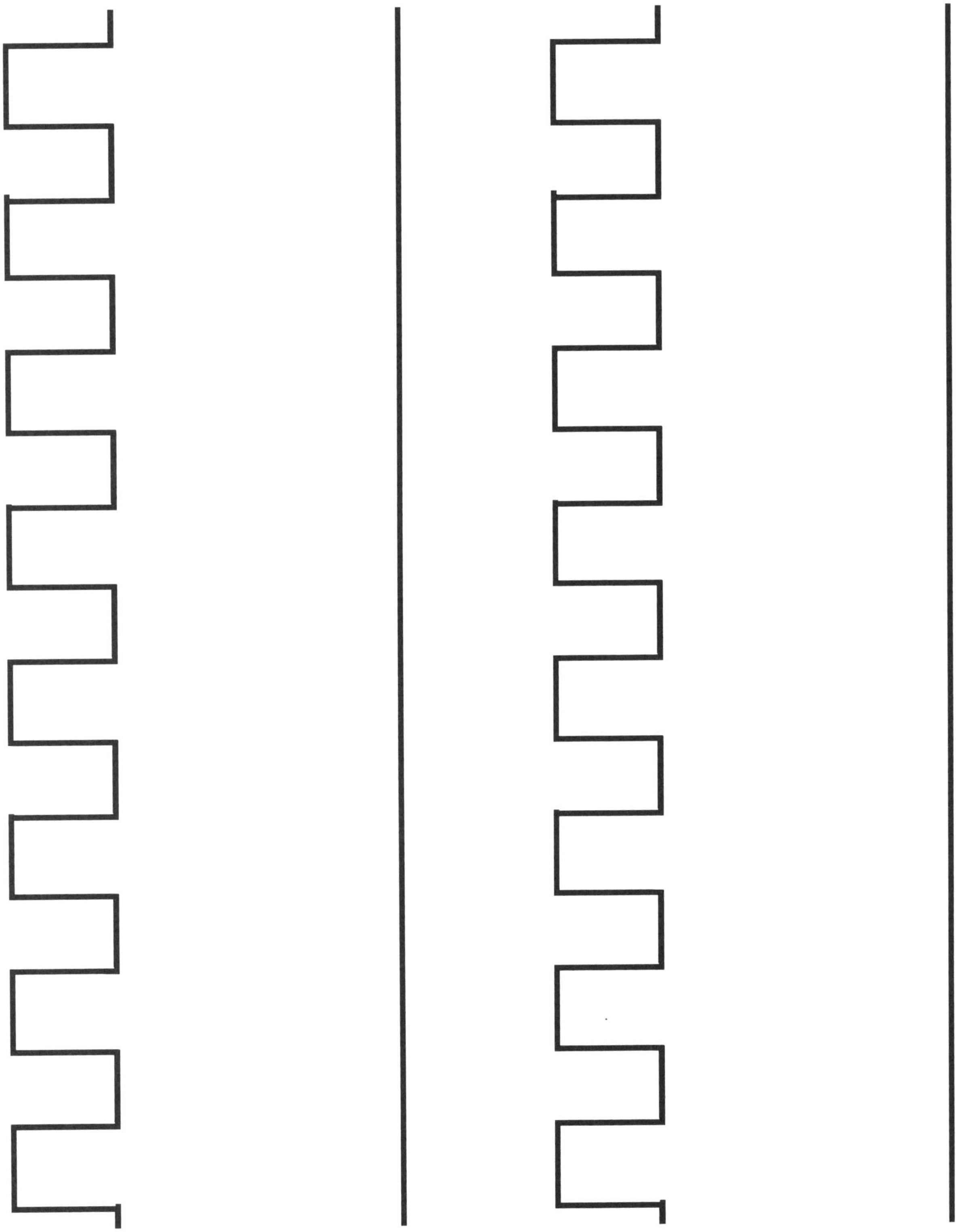

MASQUE DE CARNAVAL / PAGE 125

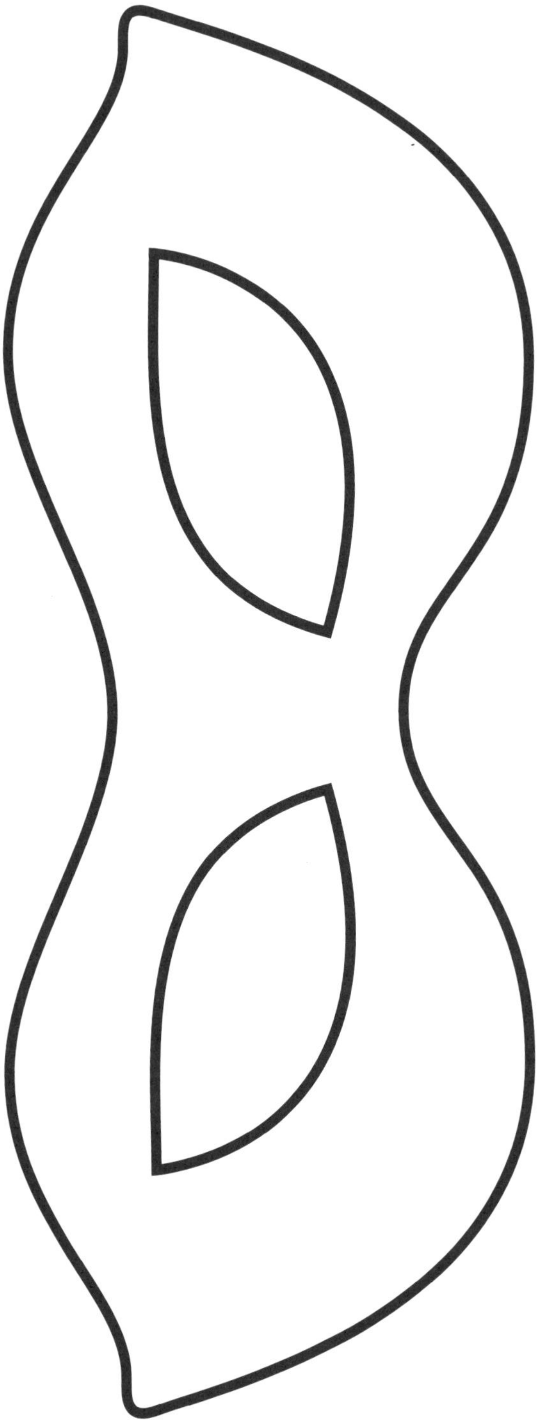

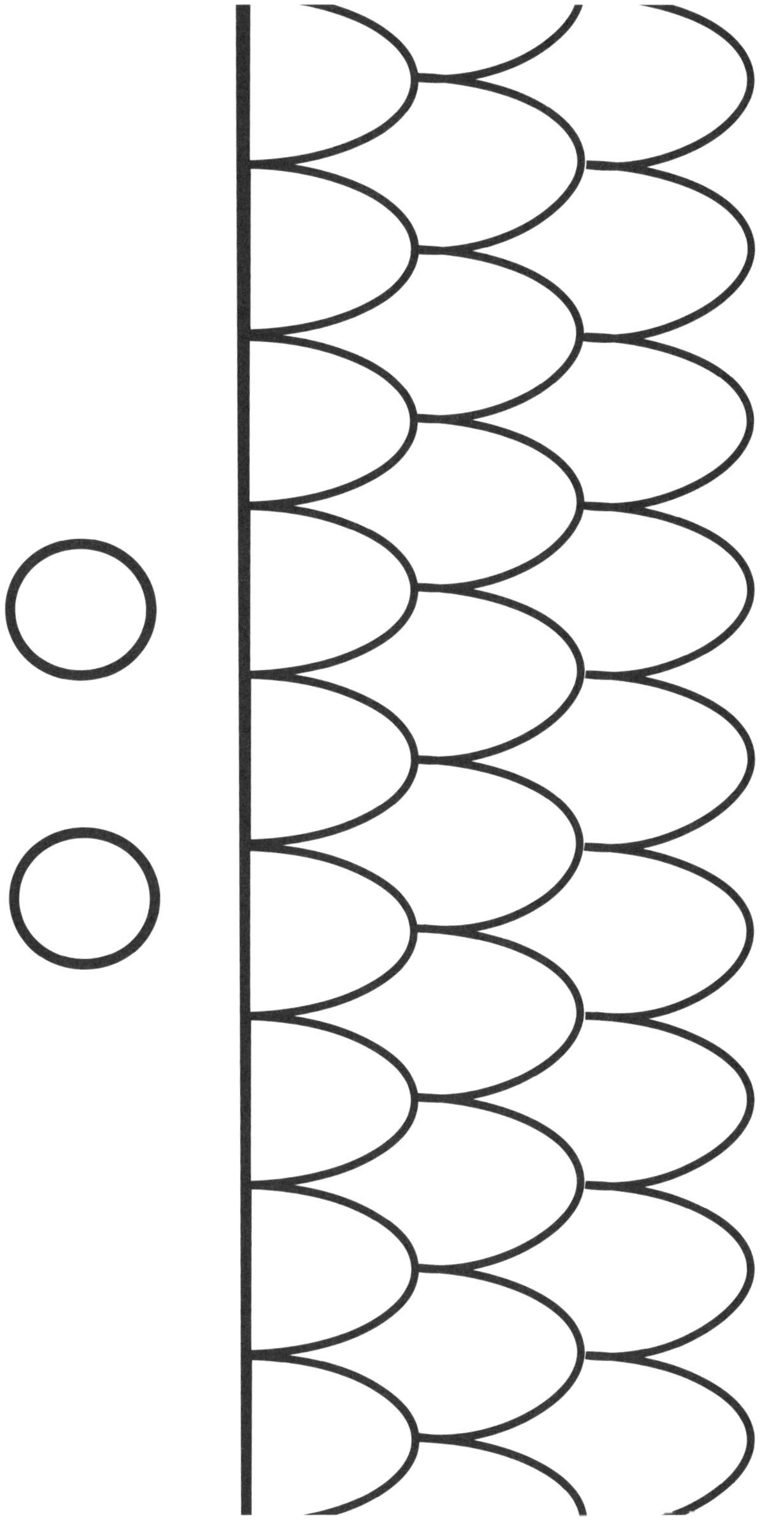

INDEX DES ATELIERS PAR COMPÉTENCES

REMERCIEMENTS

« Je veux être une fleur à sentir,
je veux être un fruit à cueillir,
à l'univers je veux m'offrir »

S'offrir au monde et partager ce qui nous est donné, voilà ce qui m'a conduite à partager au quotidien mon travail et mon approche avec les enfants via les réseaux sociaux. De fil en aiguille, mon travail a interpelé çà et là. C'est au moins d'octobre qu'Iris m'a contactée afin de me présenter ce beau projet de livre d'activités pour enfants à la maison. Je la remercie chaudement, tout comme Lama et Stéphanie qui ont participé de près à toutes les étapes d'élaboration de ce livre. Je n'oublie pas Carine et sa maison aux mille couleurs avec qui j'ai passé un délicieux moment pour les photographies.

Une belle dose d'amour et de gratitude pour mes proches qui supportent mes idées au quotidien, dont mon papa, ma maman, mes deux affreux petits frères, mon mari Nicolas et Isac, petit cobaye des lubies de sa maman.

Le mot de la fin pour toutes les personnes qui m'accompagnent sur @les__maternelles via Instagram et TikTok. Merci pour vos échanges, votre partage et votre soutien, sans vous rien de cela n'aurait été possible.

Direction : Didier Férat

Direction éditoriale : Lama Younès-Corm

Édition : Stéphanie Taro

Collaboration éditoriale : Iris Dion

Correction : Audrey Peuportier

Fabrication : Laurence Duboscq

Création graphique : Guylaine Moi

Photographies des pas-à-pas : Nourimane Jouak

Illustrations : ©AdobeStock

ISBN : 978-2-263-18809-1
Code éditeur : L18809/01
Dépôt légal : septembre 2024

Imprimé en Espagne par Egedsa

Solar, un département d'édi8
92, avenue de France
75013 Paris

serviceclients@lisez.com